Was ist eigentlich …?

Reihe herausgegeben von
Tilo Strobach, Department of Psychology, Medical School Hamburg, Hamburg, Deutschland

Die Buchreihe „Was ist eigentlich ...?" möchte den Leserinnen und Lesern einen ersten Einblick in die verschiedenen Disziplinen der Psychologie geben. Die Einteilung der Bände dieser Reihe orientiert sich dabei an den typischen Psychologiemodulen an deutschen Universitäten. Deshalb eignen sich die kompakten Bücher vor allem für Psychologiestudierende am Beginn des Studiums. Sie bieten aber auch für alle anderen, generell an psychologischen Themen Interessierten einen ersten, gut verständlichen Einblick in die psychologischen Disziplinen: Jeder Band stellt den Kern einer dieser Disziplinen vor. Des Weiteren werden prominente Fragestellungen und Diskurse der Vergangenheit und der Gegenwart vorgestellt. Außerdem wird ein Blick in die Zukunft und auf offene Fragen gerichtet.

Alexander Bodansky · Jana Mangels ·
Juliane Degner

Sozialpsychologie

Ein Überblick für
Psychologiestudierende und
-interessierte

Alexander Bodansky
Hamburg, Deutschland

Jana Mangels
Hamburg, Deutschland

Juliane Degner
Hamburg, Deutschland

ISSN 2523-8744　　　　　　ISSN 2523-8752　(electronic)
Was ist eigentlich …?
ISBN 978-3-662-68829-8　　ISBN 978-3-662-68830-4　(eBook)
https://doi.org/10.1007/978-3-662-68830-4

Die Deutsche Nationalbibliothek verzeichnet diese Publikation in der Deutschen Nationalbibliografie; detaillierte bibliografische Daten sind im Internet über http://dnb.d-nb.de abrufbar.

© Der/die Herausgeber bzw. der/die Autor(en), exklusiv lizenziert an Springer-Verlag GmbH, DE, ein Teil von Springer Nature 2024

Das Werk einschließlich aller seiner Teile ist urheberrechtlich geschützt. Jede Verwertung, die nicht ausdrücklich vom Urheberrechtsgesetz zugelassen ist, bedarf der vorherigen Zustimmung des Verlags. Das gilt insbesondere für Vervielfältigungen, Bearbeitungen, Übersetzungen, Mikroverfilmungen und die Einspeicherung und Verarbeitung in elektronischen Systemen.
Die Wiedergabe von allgemein beschreibenden Bezeichnungen, Marken, Unternehmensnamen etc. in diesem Werk bedeutet nicht, dass diese frei durch jedermann benutzt werden dürfen. Die Berechtigung zur Benutzung unterliegt, auch ohne gesonderten Hinweis hierzu, den Regeln des Markenrechts. Die Rechte des jeweiligen Zeicheninhabers sind zu beachten.
Der Verlag, die Autoren und die Herausgeber gehen davon aus, dass die Angaben und Informationen in diesem Werk zum Zeitpunkt der Veröffentlichung vollständig und korrekt sind. Weder der Verlag noch die Autoren oder die Herausgeber übernehmen, ausdrücklich oder implizit, Gewähr für den Inhalt des Werkes, etwaige Fehler oder Äußerungen. Der Verlag bleibt im Hinblick auf geografische Zuordnungen und Gebietsbezeichnungen in veröffentlichten Karten und Institutionsadressen neutral.

Planung/Lektorat: Joachim Coch
Springer ist ein Imprint der eingetragenen Gesellschaft Springer-Verlag GmbH, DE und ist ein Teil von Springer Nature.
Die Anschrift der Gesellschaft ist: Heidelberger Platz 3, 14197 Berlin, Germany

Das Papier dieses Produkts ist recycelbar.

Vorwort

Dieses Buch richtet sich an Menschen, die mehr über die Sozialpsychologie erfahren wollen, eine Wissenschaft, die sich mit Erkenntnissen zu Menschen in sozialen Gruppen und Gesellschaften und ihren Beziehungen zu anderen Menschen befasst. Dafür sind keine besonderen Vorkenntnisse notwendig. Ziel ist es, in die Denkweisen der Sozialpsychologie, ihre Methoden, Experimente, Ergebnisse und Theorien einzuführen und zu zeigen, wo uns sozialpsychologische Themen und Erkenntnisse im Alltag begegnen und sich dieses Wissen gezielt anwenden lässt. Das Buch soll Lust auf den Erwerb von sozialpsychologischem Wissen wecken. Wenn Sie am Ende ein unbefriedigtes Gefühl haben und den Wunsch: „Darüber will ich jetzt aber mehr wissen", dann ist es erfolgreich gewesen.

Alexander Bodansky
Jana Mangels
Juliane Degner

Inhaltsverzeichnis

1 Gegenstand und Anwendungsgebiete der Sozialpsychologie 1
2 Die Anwesenheit anderer und deren Bedeutung für mein „Ich" 7
3 Du und ich (interpersonale Beziehungen) 13
4 Wir gemeinsam in einer Gruppe 23
5 „Wir" sind anders als „die" 31
6 Wie organisieren wir uns? 39
7 Wer sind „die"? 45
8 Was machen „wir" mit „denen"? 53
9 Wir retten die Welt mit allen gemeinsam 59

Literatur 67

Gegenstand und Anwendungsgebiete der Sozialpsychologie

Der Mensch ist ohne andere Menschen nicht vorstellbar. Bei unserer Geburt können wir, anders als zum Beispiel Giraffen, weder nach wenigen Minuten laufen, noch können wir uns wie andere Tierarten sofort besonders gut verstecken oder sind besonders stark oder gar mit giftigen Stacheln zum Schutz bewaffnet. Im Gegenteil, wir Menschen sind am Anfang unseres Lebens lange Zeit auf den Schutz und die Pflege durch andere Menschen angewiesen und wären alleine nicht überlebensfähig. Selbst wenn wir schließlich ausgewachsen sind, laufen wir im Vergleich zu anderen Lebewesen immer noch eher langsam, haben wenig Muskelkraft, und körperlich unglaublich geschickt sind wir, zieht man einen Vergleich zu unseren nahen Verwandten, den Affen, auch nicht. Auf uns allein gestellt sind wir nach wie vor weitestgehend hilflos.

Unser Leben ist durch viele Produkte und Ergebnisse der menschlichen Gemeinschaft stark geprägt, wobei uns die kollektiven Leistungen der Menschen im Alltag selten bewusst sind. Etwas so Komplexes und doch Alltägliches wie ein Auto illustriert diese Fähigkeit des Menschen zu kollektiven Leistungen. Die Vorstellung, dass ein Mensch ein Auto alleine herstellt (Eisen aus der Erde graben, Kohle aus der Erde schaufeln, um das Eisen zu schmelzen, Gummi aus Gummibäumen für die Reifen ernten und so weiter), mutet absurd an und würde wahrscheinlich schon für ein einziges Auto mehr Zeit und Mühe in Anspruch nehmen als ein einzelner Mensch tatsächlich geben könnte.

Dennoch haben die Menschen es geschafft, Autos zu bauen und zu fahren. Trotz ihrer körperlichen Unzulänglichkeit wurden sie zu einer, wenn nicht der dominierenden Spezies auf diesem Planeten. Man kann angesichts der negativen Folgen dieser Dominanz, wie des Klimawandels, nachdenklich werden oder sich ob der Leistung freuen, dass es möglich ist, eine so große Anzahl an Menschen,

© Der/die Autor(en), exklusiv lizenziert an Springer-Verlag GmbH, DE, ein Teil von Springer Nature 2024
A. Bodansky et al., *Sozialpsychologie*, Was ist eigentlich …?,
https://doi.org/10.1007/978-3-662-68830-4_1

die gemeinsam den Planeten Erde bewohnt, zu ernähren. Zu beachten bleibt dabei jedoch immer, dass diese Dominanz nicht die Leistung von einzelnen Menschen war, sie war nur möglich, weil der Mensch die Fähigkeit entwickelt hat, in der Gruppe zu handeln, zu denken und zu planen. Der englische Philosoph Thomas Hobbes entwickelte schon vor mehreren hundert Jahren eine sehr treffende Vorstellung davon, wie der Mensch außerhalb einer (staatlichen) Gemeinschaft leben würde, nämlich „einsam, armselig, widerwärtig, tierisch und kurz" (zitiert nach der Übersetzung von Bredekamp, 2020). Über den Besitz von Autos müsste bei so einem Menschenleben dann gar nicht erst nachgedacht werden.

Doch was motiviert Menschen dazu, sich in Gesellschaft zu begeben oder gar miteinander zu kooperieren – und wie entscheiden sie, wem sie vertrauen und wem sie besser misstrauen? Wie organisieren sich Menschen in zwischenmenschlichen Beziehungen, Gruppen und Gesellschaften? Und wie wirkt sich unser soziales Zusammenleben auf unsere eigene Gedanken- und Gefühlswelt aus? Das sind einige der großen Fragen, denen sich die Sozialpsychologie widmet.

In der Psychologie existieren verschiedene Disziplinen, welche unterschiedliche Blickwinkel auf den Menschen haben. Diese Perspektiven erhellen unterschiedliche Facetten der menschlichen Psyche, sie überschneiden sich zum Teil, ergänzen sich jedoch auch gegenseitig. Die Biopsychologie zum Beispiel versteht, vereinfacht gesagt, den Menschen als einen biologischen Organismus, der aus Milliarden und Abermilliarden von spezialisierten Zellen zusammengesetzt ist, und sie untersucht, wie sich aus dem Wechselspiel dieser Zellen das Bewusstsein, die Wahrnehmung oder die Gefühle des Menschen herausbilden. Die Allgemeine Psychologie versucht, die Gesetzmäßigkeiten aufzuzeigen, nach denen die Psyche des Menschen funktioniert. Sie sieht die Psyche aller Menschen, bezogen auf gewisse Funktionen, als grundlegend gleich an und arbeitet heraus, worin oder wodurch genau diese Gleichheit besteht und wie weitreichend sie ist. Die Differenzielle Psychologie wiederum versteht Menschen als grundlegend unterschiedliche Individuen und versucht herauszufinden, worin diese Unterschiede begründet sind und wie sie zustande kommen, zum Beispiel durch Genetik, die Umwelt oder Wechselwirkungen dieser beiden Faktoren. Die Klinische Psychologie beschäftigt sich mit Abweichungen von der „normalen Psyche" des Menschen, sie versucht diese zu erfassen, zu verstehen und Mittel zu finden, um sie behandeln zu können, bzw. Wege aufzuzeigen, wie Menschen mit diesen Abweichungen besser leben können.

Die Sozialpsychologie, um die es in diesem Buch gehen soll, beschäftigt sich vor allem mit den psychischen Konsequenzen, die sich daraus ergeben, dass wir Menschen soziale Wesen sind und zum Überleben auch sein müssen. Sie untersucht den Einfluss sozialer Situationen auf unser Denken, Fühlen und Handeln.

1 Gegenstand und Anwendungsgebiete der Sozialpsychologie

Sie beschäftigt sich also auf wissenschaftliche Art und Weise damit, herauszufinden, wie sich das Zusammenleben der Menschen auf deren Psyche auswirkt, welche psychischen Mechanismen der Mensch entwickelt hat, um in der Gruppe zu leben, und wie Menschen miteinander, auch innerhalb und zwischen Gruppen, kommunizieren, kooperieren und Gemeinschaften bilden. Sie untersucht darüber hinaus, wie sich diese Mechanismen im Laufe der Zeit ändern, wie sie kontextuell und kulturell variieren und zum Teil auch, worin sich die menschlichen Kulturen und Gesellschaften gleichen. Im Unterschied zur Soziologie, die gesamtgesellschaftliche Prozesse und Veränderungen betrachtet, liegt der Fokus der Sozialpsychologie immer auf dem Erleben, Denken und Fühlen des Individuums innerhalb sozialer Kontexte.

Um diese Phänomene zu untersuchen, verwendet die Sozialpsychologie, wie auch die anderen psychologischen Disziplinen, wissenschaftliche Techniken der empirischen Forschung, die eine große Spannbreite unterschiedlichster Methoden beinhalten, von denen wir einige beispielhaft vorstellen werden. Dabei stehen typischerweise zwei Fragen im Vordergrund: Wie wirken sich soziale Kontexte und Situationen allgemein auf das Fühlen, Denken und Verhalten von Menschen aus? Und: Welche sozialen und personalen Faktoren erklären die Unterschiede bei den Reaktionen verschiedener Personen auf soziale Kontexte? Der grundlegende Annahme des Fachs lässt sich in einer einfachen Formel zusammenfassen: $V = f(P, U)$ (Lewin, 1963). Danach ist Verhalten (V) einer Person eine Funktion ihrer individuellen Eigenschaften und Merkmale (P) sowie ihrer sozialen Umgebung (U).

Als Ergebnis der Forschungsbemühungen produziert die Sozialpsychologie in der Regel Aussagen zu „durchschnittlichen" Menschen, also darüber, wie sich gewöhnliche Menschen in bestimmten Situationen im Allgemeinen verhalten, sie untersucht aber auch die Unterschiede zwischen Personen, die dazu führen, dass sie in derselben sozialen Situation unterschiedlich fühlen, denken und handeln. Die Sozialpsychologie fokussiert dabei aber immer allgemein geteilte Eigenschaften und nicht Einzelfalldiagnosen. Das bedeutet, dass sie zum Beispiel die Frage, warum sich ein spezieller, einzelner Mensch aggressiv verhält, zumeist nicht mit endgültiger Sicherheit beantworten kann. So gibt es Befunde, die zeigen, dass Menschen grundsätzlich bei zunehmender Hitze (Carlsmith & Anderson, 1979) oder Lärm (Donnerstein & Wilson, 1976) schneller dazu neigen, sich aggressiv zu verhalten (wobei sich Männer und Frauen entgegen stereotyper Annahmen in ihrer Reaktion auf Hitze nicht groß unterschieden; Kenney, 1985). Ob aber eine bestimmte Person bei Hitze aggressiver wird oder ob andere, individuelle Faktoren ihre Aggressivität beeinflussen, dazu kann die Sozialpsychologie wenig sagen, da sie keine Aussagen über einzelne Personen anstrebt und dies mit ihrer

Methodik auch schlicht nicht könnte. Die Sozialpsychologie kann lediglich mit einiger Sicherheit sagen, dass Menschen allgemein bei Hitze zunehmend aggressiver werden und damit auch die Wahrscheinlichkeit für das einzelne Individuum steigt, bei steigender Hitze aggressiver zu werden als in kühlerer Umgebung.

Die hier beispielhaft benannte Aggressionsforschung ist ein wichtiges Teilgebiet der Sozialpsychologie. Andere Themenfelder umfassen z. B. Prozesse der sozialen Eindrucksbildung, das heißt, wie wir subjektiv unser soziales Umfeld verstehen, also die Handlungen und Eigenschaften anderer Menschen und Gruppen und welche Rolle dabei Erwartungen, Stereotype und Vorurteile spielen. Weiterhin werden die Bildung und Veränderung von Einstellungen und deren Bezug zu unserem Verhalten von der Sozialpsychologie erforscht, ebenso die Entstehung und Wirkung sozialer Normen und Gruppendynamiken, aber auch romantische Beziehungen und Hilfeverhalten. Nicht zuletzt ist das eigene Ich, also das Selbstkonzept, ein wichtiges Themenfeld, denn ohne die Existenz anderer und unsere sozialen Interaktionen mit ihnen wären wir gar nicht in der Lage, uns ein Bild von uns selbst zu machen.

In all diesen Domänen versucht die Sozialpsychologie, Gesetzmäßigkeiten zu finden, denen soziales Fühlen, Denken und Verhalten von Menschen unterliegt. Auf Basis dieser allgemeinen Gesetzmäßigkeiten lassen sich dann praktische psychologische Maßnahmen oder Interventionen planen, um bestimmtes Verhalten wahrscheinlicher (z. B. Helfen in Notsituationen) oder weniger wahrscheinlich (z. B. Vordrängeln an der Kasse) werden zu lassen. Auch hier ist wieder zu beachten, dass durch diese Interventionen nicht *alle* Menschen hilfsbereit werden oder sich nicht mehr an der Kasse vordrängeln. Manche Menschen werden das immer machen, egal wie die Umstände ausgestaltet sind. Doch können die meisten Menschen durch soziale Hinweisreize in ihrem Verhalten beeinflusst werden. Daher ist es essenziell, sozialpsychologische Mechanismen zu kennen und zu verstehen, wenn man Menschen in ihrem Alltag unterstützen und helfen möchte. Gleichzeitig kann man diese Prozesse jedoch auch nutzen, um Menschen bewusst zu manipulieren, zum Beispiel durch Werbung. In den richtigen Händen können sozialpsychologische Kenntnisse jedoch dazu beitragen, eine bessere Gesellschaft oder Politik zu gestalten, welche das Gemeinwohl effektiv fördert. Hier arbeitet die Sozialpsychologie an praktischen Lösungen für gesellschaftliche Probleme, wie den Abbau von Diskriminierung benachteiligter Gruppen, die Förderung klimafreundlichen Verhaltes, Steuergerechtigkeit und für die Mobilisierung von Menschen für das Gemeinwohl, um nur einige Themenfelder zu nennen.

In den folgenden Kapiteln werden wir einige zentrale Forschungsfelder der Sozialpsychologie kurz vorstellen. Wir beginnen beim Individuum und betrachten dessen soziales Erleben des eigenen „Ich" und des Gegenübers. Wir betrachten,

1 Gegenstand und Anwendungsgebiete der Sozialpsychologie

wie das soziale Umfeld das Denken, Fühlen und Handeln von Menschen beeinflusst, und gehen darauf ein, wie Menschen in Beziehung zueinander treten und welche sozialen Phänomene sich hierbei beobachten lassen – in Paarbeziehungen, Gruppen oder der gesamten Gesellschaft. Dann stellen wir dar, wie sich Menschen in Gruppen und immer größer werdenden Gemeinschaften sowie gegenüber anderen Gruppen verhalten, bevor gezeigt wird, wie Führung in einer Gruppe funktioniert und warum Menschen überhaupt bereit sind, sich für ihre Gruppe zu engagieren. Ein besonderes Augenmerk gilt der Funktionsweise von Stereotypen bei der Wahrnehmung von Gruppen und der Ausbildung von Verhalten und Identität in Gruppen. Im letzten Kapitel wird skizziert, wie sozialpsychologisches Wissen dazu beitragen kann, dem Menschen sein Gefährdetsein vor Augen zu führen und mögliche Wege daraus zu finden.

Es ist bei dieser Einführung kritisch anzumerken, dass die Sozialpsychologie dazu neigt, Theorien und Befunde für sehr viele verschiedene Bereiche und zum Teil sogar Kleinstbereiche des menschlichen Lebens zu untersuchen, wobei es nicht immer leicht ist, die einzelnen Theorien und Befunde miteinander zu verknüpfen. Deswegen bemüht sich diese Einführung, Themenbereiche zu präsentieren, in denen sozialpsychologisches Wissen zusammenhängend vorgestellt wird, um so Gemeinsamkeiten und auch Widersprüche in der bisherigen Forschung aufzuzeigen. Dieses Buch stellt zudem weitestgehend akzeptierte Theorien und Befunde aus der Wissenschaft vor. Doch ist Wissenschaft kein System, das jemals unstrittiges Wissen herstellen wird, denn neue wissenschaftliche Befunde oder empirische Daten können stets zeigen, dass alte, als sicher gewähnte Erkenntnisse korrigiert werden müssen (Lakatos, 1970).

In diesem Kontext steht auch die sogenannte „Replikationskrise der Psychologie" der 2010er Jahre, als man feststellte, dass sich viele Studien und Befunde nicht wie gehofft replizieren, also wiederholen ließen (z. B. Earp & Trafimow, 2015). Obwohl diese Krise noch nicht überwunden ist, hat sie bereits zu tiefgreifenden Veränderungen von Forschungsstrategien geführt und zu einem sich wandelnden Verständnis davon, was eigentlich gute sozialpsychologische Wissenschaft ausmacht. Solche Krisen sind für die Wissenschaft nicht ungewöhnlich. So beschreibt der Philosoph Thomas Kuhn (1996) Wissenschaft grundsätzlich als Abfolge von Normalwissenschaft, Krise und revolutionärer Phase. In der Normalwissenschaft versuchen die Wissenschaftlerinnen und Wissenschaftler, mit einem festen Instrumentarium klare vordefinierte Probleme zu lösen, ähnlich einem Puzzlespiel, bei dem die Lösung und die Wege dahin vorgegeben sind. Durch das beständige Puzzeln verfeinern sie ihr Wissen, stoßen jedoch auch immer wieder auf Erkenntnisse oder neue Daten, die so gar nicht zum bisherigen Wissen oder den Theorien passen und mit bisherigen Forschungsmethoden und Ansichten nicht zu erklären sind. Hat sich erst einmal eine kritische Masse dieser nicht erklärbaren oder nicht replizierbaren Befunde und Daten gebildet und werden dadurch bisherige Theorien in die Krise geführt, beginnt nach Kuhn eine Phase der revolutionären Wissenschaft, in der nach neuen Sicherheit gebenden Theorien, Forschungsmethoden und Befunden gesucht wird, um wieder zum gemeinsamen Puzzlespiel, jetzt aber mit anderen Regeln und Lösungswegen, zurückkehren zu können. Genau in einer solchen revolutionären Phase befindet sich die Sozialpsychologie derzeit, und es ist durchaus möglich, dass in diesem Buch als sicher dargestelltes Wissen sich später als korrekturbedürftig herausstellt. Diese Unsicherheit ist stets das Risiko der Forschung, sie ist aber auch das, was Wissenschaft vor anderen Erkenntnissystemen wie Religion oder Politik auszeichnet, nämlich die Bereitschaft, sich einzugestehen, dass die eigenen Annahmen falsch waren, und das Bestreben zu entwickeln, weiterhin alles zu versuchen, um die Welt und das Handeln der Menschen so weit wie möglich wirklich und wahrhaftig zu verstehen.

Es soll auch nicht verschwiegen werden, dass ein Großteil der bisherigen klassischen Forschung der Sozialpsychologie in westlich geprägten Industrieländern durchgeführt wurde und hier vor allem von Männern. Zukünftige Forschung aus verschiedenen Teilen der Erde mit unterschiedlichen Populationen von Menschen sowie Forschung aus unterschiedlichen Kulturkreisen, durchgeführt von Menschen mit unterschiedlichsten Hintergründen, mag vermeintliche Sicherheiten, die es bisher in der Sozialpsychologie gab, erschüttern oder aufzeigen, dass einige Ergebnisse nur für weiße Männer in Mitteleuropa und Nordamerika gültig sind bzw. waren. Diese Einsichten sind zu begrüßen, da sie zu einem reichhaltigeren und vertieften Verständnis des Erlebens von Menschen beitragen können, die in einer Gemeinschaft auf der Erde leben.

Zusammenfassung

Die Sozialpsychologie ist eine Teildisziplin der Psychologie. Sie beschäftigt sich mit der Wirkung von anderen Menschen auf die Psyche des Menschen und untersucht darüber hinaus, wie Gruppen bzw. Gemeinschaften funktionieren. Dafür werden wissenschaftliche Techniken der empirischen Forschung mit einer großen Spannweite genutzt. Die Sozialpsychologie strebt als wissenschaftliche Disziplin an, sichere Erkenntnisse zu entwickeln, muss sich aber stets bewusst sein, dass diese Erkenntnisse nur vorläufig sind und neue Daten sie infrage stellen können. Erkenntnisse der Sozialpsychologie können angewendet werden, um das menschliche Zusammenleben zu verbessern.

Die Anwesenheit anderer und deren Bedeutung für mein „Ich" 2

Wie bilden wir Menschen überhaupt ein Bild des eigenen „Ich" – ein Selbstkonzept – aus? Woher wissen wir eigentlich, wer wir sind? Und warum können Menschen sich trotz eines stabilen Selbstkonzepts in verschieden Situationen sehr unterschiedlich verhalten?

Die Aussage, dass der Mensch von seiner sozialen Umgebung beeinflusst wird, ist wohl für die Wenigsten eine Überraschung. Betrachten wir beispielsweise eine Studie aus dem Jahr 2014 (Wilson et al., 2014), in der Versuchspersonen die einzige Aufgabe hatten, ohne Ablenkung 15 min allein in einem Raum zu verbringen – was in dieser hektischen Zeit nicht wie eine besonders anstrengende Aufgabe erscheint. Dennoch erlebten und beschrieben viele der Teilnehmenden diese sehr kurze Zeitspanne als sehr unangenehm. In einer darauf folgenden Studie ging man noch einen Schritt weiter, man ließ Personen wiederum 15 min allein in einem Raum, doch diesmal befand sich darin noch ein Gerät, mit dem die Versuchsteilnehmenden sich selbst elektrische Schocks zufügen konnten, wenn sie es denn wollten. Wer schon einmal einen elektrischen Zaun angefasst hat, weiß, dass das nicht gerade der Inbegriff von Spaß ist. Trotzdem benutzten 67 % der Männer und 25 % der Frauen das Gerät in dieser Situation und fügten sich selbst leichte Schmerzen zu, zum Teil sogar mehrfach. Eine Vielzahl von Menschen fügte sich also lieber selbst körperliche Schmerzen zu, als mit ihren Gedanken für lediglich 15 min allein zu sein (warum Männer hier anders agieren als Frauen, mag jede:r selbst beantworten, wir haben dazu keine professionelle Meinung).

Was als Ergebnis dieser Studie zunächst überraschend wirken mag, lässt sich auf den zweiten Blick sehr gut nachvollziehen: Schon lange wird etwa in Gefängnissen Einzelhaft als besonders harte Strafe verwendet, und der Ausschluss aus der menschlichen Gemeinschaft durch Verbannung wird in allen Kulturen als eine der härtesten Strafen angesehen. Zur wissenschaftlichen – und ethisch unbedenklichen – Erforschung der Auswirkungen von sozialem Ausschluss entwickelten Williams und Sommer (1997) ein einfaches, aber sehr effektives Experiment: Sie instruierten zwei Eingeweihte, sich mit einer unwissenden, wartenden Versuchsperson einen Ball hin und her zu werfen. Dadurch entstand ein recht einfaches Ballspiel. Was die Versuchsperson nicht wusste: Die Eingeweihten waren vorher instruiert worden, ihnen entweder die Bälle regelmäßig zuzuwerfen, sodass sie aktiv in das Spiel integriert waren, oder ihnen den Ball nur ein paar Mal zuzuwerfen und sie anschließend vollkommen zu ignorieren. Die vom Ballspiel Ausgeschlossenen standen bei diesem Ballspiel also sprichwörtlich im sozialen Abseits und zeigten schon während des Spiels deutlich sichtbare Anzeichen von Stress. Zudem wirkte sich ein solcher Ausschluss aus einem simplen Ballspiel negativ auf ihr allgemeines Selbstbewusstsein aus (Williams & Zadro, 2001), sogar dann, wenn die anderen Spielenden einer von den Versuchsteilnehmenden verachteten Gruppe angehörten, wie zum Beispiel dem Ku-Klux-Klan (Gonsalkorale & Williams, 2006). Dies mutet absurd an, zeigt aber, wie abhängig wir Menschen von dem Gefühl sind, Teil von sozialen Gemeinschaften zu sein, und dass dieses Gefühl offensichtlich so stark ist, dass auch politische Haltungen und Meinungen dahinter zurücktreten können.

Sozialpsychologische Forschung kann zudem zeigen, dass die Anwesenheit anderer Menschen neben unserem Wohlbefinden auch unsere Leistungsfähigkeit potenziell beeinflusst. Schon im 19. Jahrhundert beobachtete Triplett (1899), dass Fahrradfahrer in der Gemeinschaft schneller fahren als allein gegen die Uhr. Die Sozialpsychologie spricht hier von „sozialer Erleichterung" („social facilitation"). Allerdings kann die Anwesenheit anderer auch negative Effekte auf unsere Leistungsfähigkeit haben. Wenn wir etwa komplexe Aufgaben bewältigen sollen, wie unsere Steuererklärung auszufüllen, kann sich der Effekt sogar umkehren, sodass die Anwesenheit anderer dazu führt, dass wir weniger gute Leistungen zeigen. Hierbei spricht man von „sozialer Hemmung" („social inhibition").

Soziale Erleichterung und soziale Hemmung wurden beispielsweise in einer Studie von Markus (1978) gezeigt, in der sich die Versuchsteilnehmenden schneller die Schuhe zubanden (leichte Aufgabe), aber langsamer einen Laborkittel verkehrt herum anzogen (schwierige Aufgabe), sofern andere Menschen anwesend waren. Dies könnte daran liegen, dass die Anwesenheit anderer unsere begrenzt vorhandene Aufmerksamkeit in Anspruch nimmt (Sanders et al., 1978). Im Falle einfacher Aufgaben wie dem Zubinden von Schuhen ist soziale Ablenkung förderlich, da Routinetätigkeiten durch Automatisierungsprozesse am besten

2 Die Anwesenheit Anderer und deren Bedeutung für mein „Ich"

ohne bewusste Aufmerksamkeit durchgeführt werden. Komplexe oder neue Aufgaben benötigen dagegen eher ungeteilte Aufmerksamkeit, dabei ist soziale Ablenkung meist hinderlich. Dieses Buch zu lesen und gleichzeitig in einer Gruppe mit anderen Menschen zu interagieren, dürfte den wenigsten Menschen gelingen. Es kann schon hinderlich sein, wenn andere uns einfach nur dabei zusehen, wie wir lesen, denn das beansprucht bereits unsere soziale Aufmerksamkeit. Wenn eine Tätigkeit also unsere Konzentration benötigt, bewirkt die Anwesenheit anderer Menschen keine Leistungssteigerung, sondern diese stören dabei eher.

Nun mag es wenig verwunderlich sein, dass die Anwesenheit anderer unser Wohlbefinden und unsere Leistungsfähigkeit beeinflusst. Diese Bezugnahme auf andere kann aber auch einen Bereich beeinflussen, welcher zunächst intuitiv wenig mit anderen Menschen zu tun hat, sondern hauptsächlich mit uns selbst: unser Selbstkonzept.

Die meisten Menschen können ohne Probleme ausführlich darüber berichten, wer sie sind und was sie ausmacht. Wer sollte unsere persönliche Geschichte und unsere Eigenschaften schließlich kennen, wenn nicht wir selbst? Doch tatsächlich werden unsere Selbstkenntnis und unser Selbstkonzept fundamental durch unser soziales Umfeld beeinflusst. Dies wird allein schon durch die Tatsache deutlich, dass wir ohne ein Gegenüber gar nicht wüssten, wer wir sind, da erst das Andere uns erlaubt, eine Grenze zu ziehen und das eigene Ich ihm gegenüber abzugrenzen. Ohne ein Gegenüber ergibt es schlichtweg wenig Sinn, über das eigene Ich nachzudenken. Klassische Theorien der Sozialpsychologie greifen diesen Gedanken auf und vermuten, dass Menschen erst über die Reaktionen ihrer Umwelt Informationen darüber erhalten, wer sie eigentlich sind – ähnlich einem Spiegel, in welchem der Mensch Selbsterkenntnis erfahren kann (Cooley, 1902; Mead, 2015/1932). Dies bedeutet allerdings nicht, dass wir uns sofort selbst verlieren, sobald wir allein sind – denn wir können uns praktischerweise „generalisierte andere" vorstellen, aus deren Augen wir dann auf uns blicken. Unser Selbstkonzept entsteht als Ergebnis dieser Betrachtungen, das heißt, soziale Interaktionen formen einen zentralen Teil dessen, was wir als unser „Ich" verstehen. Die Außenperspektive auf sich selbst ist demnach eine bedeutsame Quelle für die Selbstkenntnis (Mead, 2015). Auf diesem Ansatz aufbauende Forschung zeigt auch, dass es eine größere Rolle zu spielen scheint, wie wir *glauben,* dass uns andere Menschen sehen, und nicht, wie sie uns tatsächlich sehen (Shrauger & Schonemann, 1979). Letzteres wissen wir nämlich nur selten mit Sicherheit.

Daryl Bem (1972) übernahm diese Vorstellungen in abgewandelter Form in seine Selbstwahrnehmungstheorie. Diese Theorie geht davon aus, dass Menschen sich ständig selbst beobachten und aus diesen Beobachtungen Rückschlüsse über sich, ihren Zustand, ihre Eigenschaften und Einstellungen und sogar ihre Gefühle ziehen. Dass ich mich traurig fühle, erfahre ich also auch, weil ich merke, dass mir Tränen in die Augen treten, selbst wenn mir mein innerer trauriger Zustand vielleicht gar nicht bewusst war. Mit dieser Theorie lassen sich auch Befunde aus einem klassischen Versuch aus den 1960er Jahren recht schlüssig erklären. Die Sozialpsychologen Festinger und Carlsmith (1959) hatten ihre Versuchsteilnehmenden angewiesen, als „Studie" eine langweilige Aufgabe zu erledigen (z. B. eine Stunde lang Briefumschläge falten, Stifte anspitzen etc.) und diese anschließend einer anderen, unbeteiligten Person weiterzuempfehlen. Als Belohnung für diese Empfehlung wurde der Hälfte der Teilnehmenden 20 US$ (zum damaligen Zeitpunkt eine hohe Summe) versprochen, die andere Hälfte erhielt lediglich 1 US$. Im Anschluss wurden die Versuchsteilnehmenden gefragt, wie viel Spaß sie tatsächlich bei den langweiligen Aufgaben gehabt hatten. Es zeigte sich, dass die Teilnehmenden mit der 1-US$-Vergütung angaben, wesentlich mehr Freude an den Aufgaben verspürt zu haben als diejenigen mit einer 20-US$-Vergütung. Wie kann das sein? Nach Daryl Bem und seiner Selbstwahrnehmungstheorie beobachten und interpretieren Menschen ihre Handlungen und schließen davon ausgehend darauf zurück, wer sie selbst sind und was sie empfinden. Hatten Versuchsteilnehmende sich selbst beobachtet, wie sie 20 US$ für die Empfehlung erhielten, wussten sie, „warum" sie die Studie weiterempfahlen, offensichtlich wegen des Geldes. Hatten die Versuchsteilnehmenden sich jedoch dabei beobachtet, dass sie nur einen lausigen Dollar für ihre Empfehlung erhielten, schlossen sie daraus, dass sie das Experiment wohl gemocht hatten, denn was für einen anderen Grund hätte es sonst gegeben, jemand anderen zur Teilnahme daran zu ermutigen.

Versuchen Sie einmal, diese Theorie auf Ihren Alltag zu übertragen, es könnte nützliche praktische Konsequenzen haben. So ist es beispielsweise *nicht* sinnvoll, sich für Tätigkeiten, die Ihnen Spaß machen, selbst zu belohnen, denn Sie würden dadurch sich selbst nur eine externe Erklärung liefern, warum Sie diese Tätigkeit gerne ausführen, und sie in Zukunft deswegen vielleicht weniger mögen. Wenn Sie zum Beispiel Geschirrabwaschen als angenehm empfinden, dann belohnen Sie sich nicht selbst für den erledigten Abwasch. Die Belohnung kann leicht dazu führen, dass Sie glauben, nur deswegen abzuwaschen und nicht, weil Sie es gerne tun. Die Sozialpsychologie spricht hier von einer „Überrechtfertigung" des eigenen Verhaltens (Deci & Ryan, 1985). Ein anderes Beispiel: Wenn Ihr Kind gerne Matheaufgaben löst und Sie es dabei fördern wollen, dann geben Sie ihm keine Belohnung für das Lösen von Gleichungen, sondern lieber die verbale Rückmeldung: „Du scheinst Spaß beim Rechnen zu haben." So verhindern Sie, dass das Kind die Belohnung als Grund für das Rechnen ansieht und stattdessen den Satz „Mathe macht mir Spaß" in sein Selbstkonzept aufnimmt.

2 Die Anwesenheit Anderer und deren Bedeutung für mein „Ich"

Einen weiteren klassischen Ansatz dafür, wie das soziale Umfeld die Selbstkenntnis beeinflusst, lieferten Tajfel und Turner (1985). Sie gingen davon aus, dass Menschen unterschiedliche Identitäten besitzen, von denen sie viele mit sozialen Gruppen und Kategorien verknüpfen. Ein Mensch kann Student:in der Psychologie sein, aber auch Hunde- oder Katzenliebhaber:in, Fan vom FC Bayern, Umweltaktivist:in, Deutsche:r, Mensch, er kann sich aber auch schlicht nur als „Uli" identifizieren. Diese Identitäten unterscheiden sich in vielen Punkten, vor allem darin, inwieweit sie mit anderen Menschen geteilt werden, das heißt in ihrem „Inklusionsgrad". „Uli" kann nur eine Person sein, ihre persönliche Identität kann nur mit ihr selbst geteilt werden. Deutsch sein wiederum können schon wesentlich mehr Menschen, und Hunde- bzw. Katzenfans sind unzählbar. Identitäten können also von größeren oder kleineren Gruppen von Menschen geteilt werden, daher bezeichnen wir sie als *soziale Identitäten*. Die aus dieser Beobachtung von Tajfel und Turner entwickelte soziale Identitätstheorie geht davon aus, dass die soziale Situation mitbestimmt, welche Identität in einer bestimmten Situation relevant, auffällig bzw. aussagekräftig, also „salient" ist. Wenn eine soziale Identität salient ist, wird in der Sozialpsychologie davon ausgegangen, dass sie die Informationsverarbeitung eines Menschen beeinflusst. Ulis Identität als Fußballfan kann in ganz verschiedenen Kontexten mal mehr und mal weniger salient sein, vermutlich ist sie es eher im Stadion als in der Uni-Vorlesung. Die Salienz dieser Identität ist verhaltensrelevant, denn sie wird maßgeblich bestimmen, ob Uli eher anfeuern, singen und schreien oder ihrer Professorin aufmerksam zuhören wird.

Auch die Wahrnehmung von Unterschieden oder auffälligen Eigenschaften einer Person im Vergleich zur Umgebung kann beeinflussen, welche Identität für sie im jeweiligen Kontext salient ist. Befinden Sie sich beispielsweise als einzige Frau in einem Raum voller Männer, mag es sein, dass Sie sich Ihrer Identität als Frau mehr als sonst bewusst werden. Diese Salienz kann dann wiederum beeinflussen, welches Verhalten Sie in dieser Situation als sinnvoll oder weniger sinnvoll ansehen. Wäre Uli beispielsweise als Fußballfan auf dem Weg zu einem Heimspiel ihrer Mannschaft, so erscheint es durchaus sinnvoll, dass sie in der S-Bahn laut singt und sich über den Gesang der anderen Menschen freut. Wäre sie jedoch als Studentin der Psychologie auf dem Weg zu einer Klausur, scheint dieses Verhalten etwas weniger sinnvoll zu sein. Die soziale Identität gibt also in der jeweiligen Situation „Leitplanken" vor, in deren Rahmen bestimmtes Verhalten als sinnvoll oder erwünscht erachtet wird. Tajfel und Turner nehmen an, dass diese sozialen Identitäten häufig relevanter für das Handeln sind als individuelle, persönliche Identitäten. Menschen fragen sich beim Bäcker zum Beispiel nicht, wie sie als Person dazu stehen, sich in einer Schlange für die sonntäglichen Brötchen anzustellen. In ihrer sozialen Rolle als Kund:in wissen sie, dass ihre Identität dies von ihnen geradezu zwingend verlangt, und das machen sie in der Regel dann auch.

Die soziale Identität eines Menschen ist ein individuelles, aber mit anderen geteiltes, Merkmal. Dementsprechend handeln Menschen in vielen Kontexten genau so wie andere mit der gleichen sozialen Identität. Oft kann ein Mensch sich in verschiedenen Kontexten ganz unterschiedlich verhalten und dabei trotzdem nicht das Gefühl entwickeln, eine komplett andere Person zu sein, sondern lediglich zwischen sozialen Identitäten zu wechseln. Menschen nehmen diese Inkonsistenz in ihrem Verhalten aufgrund verschiedener Identitäten jedoch nicht besonders gut wahr, sie realisieren also oft nicht, dass sie weniger kohärent in ihren Handlungen sind, als sie es von sich selbst annehmen.

Vor dem Hintergrund dessen, was in diesem Kapitel anhand von unterschiedlichen Phänomenen exemplarisch dargestellt wurde, lässt sich also durchaus sagen, dass das menschliche Selbst maßgeblich durch die Gemeinschaft und die in ihr entwickelten Identitäten geprägt ist, denn ohne andere Menschen gäbe es viele der eigenen Identitäten nicht. Es würden also wesentliche Anteile des eigenen Erlebens nicht vorhanden sein, wenn es nicht auch andere Menschen gäbe, mit denen das Individuum in Beziehung steht, mit denen es sich vergleichen kann und mit denen es – verbunden durch geteilte Identitäten – gemeinsam handelt.

Zusammenfassung

Menschen empfinden es meist als unangenehm, wenn sie allein sind oder aus einer Gemeinschaft ausgeschlossen werden. Sind andere Menschen anwesend, erleichtert dies zwar potenziell das Durchführen von einfachen Tätigkeiten (soziale Erleichterung), es erschwert jedoch die Arbeit an komplexeren Aufgaben (soziale Hemmung). Auch sind andere Menschen und deren Reaktionen auf die eigene Person wichtige Informationsquellen zum Aufbau des Selbstkonzepts, denn Menschen beobachten dadurch ihr eigenes Handeln und schließen daraus auf ihr eigenes Ich. In vielen Situationen leitet die jeweils saliente soziale Identität unsere Wahrnehmung, unser Denken, unser Fühlen und unser Handeln.

Du und ich (interpersonale Beziehungen) 3

Was kann die Sozialpsychologie darüber aussagen, wie Menschen ihre sozialen Beziehungen mit anderen Menschen, also ihre Arbeits-, Freundschafts- und auch Liebesbeziehungen gestalten?

Es gibt viele Befunde, die zeigen, dass Menschen glücklicher sind, wenn sie große soziale Netzwerke, also viele Familienmitglieder und/oder einen großen Freundes- und Bekanntenkreis haben (z. B. Kawachi & Berkmann, 2001). Auch Menschen, die verheiratet sind, sind im Durchschnitt wohl zumindest etwas zufriedener als nichtverheiratete Menschen (Esterlin, 2003). Obwohl dies nicht pauschal für alle Menschen gilt, spielen unsere zwischenmenschlichen Beziehungen mit Sicherheit eine sehr relevante Rolle in unserem Leben. Doch auch wenn wir mit vielen Menschen eine Beziehung haben, bleibt zu verstehen, was es denn eigentlich ist, was wir mit diesen Menschen gemeinsam haben. Und wenn wir wissen, was Beziehungen sind, können wir uns fragen, ob wir unterschiedliche Arten davon ausmachen können.

Ein Definitionsversuch für Beziehungen könnte damit starten, dass alle Menschen zueinander in Beziehung stehen, die sich gegenseitig beeinflussen – man spricht hier auch von „Interdependenz", also einer wechselseitigen Abhängigkeit. Wenn Ihr Arbeitskollege Ihnen beispielsweise Kuchen mitbringt und Sie sich dadurch geschätzt fühlen, dann sind Sie (und Ihre Gefühle) interdependent. Ein grober, aber recht effektiver Ansatz, um die Arten von zwischenmenschlichen Beziehungen einordnen und somit besser erforschen zu können, ist deren Unterteilung in *Austauschbeziehungen* und *Gemeinschaftsbeziehungen* (Clark & Mills, 1993).

Auf der einen Seite stehen die Austauschbeziehungen, bei denen die jeweiligen Leistungen der Menschen, die in einer Beziehung miteinander stehen, „verrechnet" werden, wie etwa bei Arbeitskolleginnen oder auch beim Bäcker um die Ecke, bei dem Sie Brötchen gegen Geld eintauschen. Grundsätzlich achten die allermeisten Menschen in solchen Beziehungen darauf, dass alle Beteiligten nach dem Gleichheitsprinzip behandelt werden (dass alle ein gleich großes Stück vom Kuchen erhalten oder für die gleiche Arbeit den gleichen Lohn). Treten in solchen Beziehungen Ungleichheiten auf, fällt dies den Beteiligten recht schnell auf.

Auf der anderen Seite gibt es die Gemeinschaftsbeziehungen, in welchen es den Beteiligten weniger wichtig ist, das Gleichheitsprinzip anzuwenden. Hier wird eher nach dem „Bedürfnisprinzip" vorgegangen. Die exakt gleiche Behandlung ist dann nicht mehr so relevant, sondern vielmehr die Frage, welche Bedürfnisse die bzw. der andere hat und ob diese ausreichend befriedigt werden. Wenn eine Person in einer solchen Beziehung zurzeit mehr als die andere benötigt (an Zuneigung, Ressourcen, Zeit etc.), wird dies ihr bzw. ihm in einer Gemeinschaftsbeziehung gewährt, ohne dass die Beziehung sofort infrage gestellt oder als problematisch angesehen wird. Solche Gemeinschaftsbeziehungen pflegen Menschen in der Regel zu guten Freundinnen und Freunden, zu Verwandten und in einer Partnerschaft.

Nun mag der verständliche Einwand formuliert werden, dass man auch mit engen Freunden nicht selten die Restaurantrechnung nach dem Gleichheitsprinzip teilt, oder den Mitbewohnerinnen eher ungern immer den Abwasch abnimmt, nur weil diese gerade wenig Lust darauf oder Liebeskummer haben. In der Tat ist die Einteilung von Beziehungen in Austausch- und Gemeinschaftsbeziehungen weder exklusiv noch stabil. So kann es vorkommen, dass Menschen in einigen Teilbereichen – wie dem Abwasch – eine Austauschbeziehung führen, in anderen wie beim Kaffeeholen im Büro z. B. hingegen eher eine Gemeinschaftsbeziehung. Auch können sich Beziehungen mit der Zeit verändern und aus einer Austauschbeziehung in der Bäckerei kann eine Gemeinschaftsbeziehung erwachsen. Dennoch erlaubt diese etwas grobe konzeptionelle Unterscheidung vorherzusagen, wie sich Menschen in Abhängigkeit von ihrer Beziehungsart zueinander verhalten: wann sie beispielsweise eher bereit wären, einer anderen Person ohne versprochene Gegenleistung zu helfen, oder wann eine solche Gegenleistung Menschen in ihrer Beziehungserwartung gar verunsichern würde. Stellen Sie sich vor, Sie würden einer guten Freundin bei ihrem Umzug helfen und am Ende würde Ihre Freundin Ihnen Geld dafür geben. Als rationaler Mensch sollten Sie sich darüber eigentlich freuen. Trotzdem wären Sie wahrscheinlich von dem Geldsegen irritiert und gar nicht erfreut. Wahrscheinlich würden Sie Ihren Freundschaftsdienst damit zu

3 Du und ich (interpersonale Beziehungen)

einer bloßen Dienstleistung herabgewürdigt sehen, denn aus Sicht der Selbstwahrnehmungstheorie vom vorherigen Kapitel müssten Sie nun Ihr Handeln durch den Erhalt einer Bezahlung erklären. Dann wäre es nicht mehr die Beziehung zu Ihrer Freundin, die Sie dazu veranlasst hatte zu helfen, sondern ebendiese Bezahlung. Ihre Freundin hätte sich also selbst einen Bärendienst erwiesen und Sie und Ihre Gemeinschaftsbeziehung durch ihre gutgemeinte Geste vor den Kopf gestoßen.

Wie Ihnen eventuell bereits aufgefallen ist, sind Gemeinschaftsbeziehungen häufig eher Beziehungen, in denen Menschen sich vertrauter und einander näher fühlen, in denen also eine stärkere emotionale Nähe zwischen den Beteiligten herrscht. Menschen gehen Gemeinschaftsbeziehungen mit anderen jedoch nicht wahllos oder zufällig ein. Zumeist suchen sie sich für ihre engeren Beziehungen eher Menschen, die ihnen ähnlich sind bzw. erscheinen. Es gibt eine Vielzahl von sozialpsychologischen Befunden, die darauf hindeuten, dass Menschen bei der Wahl von Partner:innen und Freund:innen vor allem wahrgenommene Ähnlichkeit als entscheidendes Kriterium heranziehen. Dieses Vorgehen ist dem sogenannten Ähnlichkeits-Anziehungs-Paradigma (Bryne, 1971) zufolge aus unterschiedlichen Gründen durchaus als eine kluge Strategie anzusehen. Stellen Sie sich einmal eine neue Bekanntschaft vor, die Ihnen in einigen Aspekten ähnlich ist. Eventuell hört sie die gleiche Musik wie Sie, was bei Ihnen generell Sympathie und Anziehung auslöst. Gleichzeitig erhöht dies die Wahrscheinlichkeit für eine positive Interaktion. Sie könnten sich über gemeinsam gemochte Musikbands austauschen, was weitere Interaktionsmöglichkeiten eröffnet, indem Sie z. B. zusammen ein Konzert besuchen. Wenn Sie nun davon ausgehen, dass Sie beide die gleiche Musik hören, könnten Sie zudem mit einiger Wahrscheinlichkeit davon ausgehen, dass Ihr Gegenüber sie nicht vollkommen furchtbar finden wird, denn Sie mögen ja gleiche Dinge. Ihre Ähnlichkeit könnte ferner auch das gegenseitige Verständnis erhöhen („Klar ist er traurig, bin ich ja bei diesem Lied auch immer") und als Bonus quasi eine Bestätigung Ihrer eigenen Weltsicht liefern („Ich wusste ja schon immer, dass dies die beste Band der Welt ist, und das sieht mein Gegenüber genauso"). Ähnlichkeit ist also ein starkes „Schmiermittel" für den Aufbau von sozialen Beziehungen.

Die umgekehrte Vorstellung, mit Menschen befreundet zu sein, die absolut andere Interessen und noch dazu andere Ansichten haben, erscheint nicht nur abwegig, sondern ist in den meisten Fällen sogar recht unwahrscheinlich. Dies lässt sich auch im Kontext romantischer Beziehungen zeigen. So belegen Studien, dass die Ähnlichkeit zwischen zwei Menschen bedeutsam für deren gegenseitige romantische Anziehung ist. Und nicht nur das, Beziehungen zwischen sich ähnlichen Menschen scheinen auch langfristig mit einer höheren Stabilität und Zufriedenheit einherzugehen (z. B. Luo & Klohnen, 2005). Interessanterweise ist hierbei vor allem relevant, als wie ähnlich wir uns und unser Gegenüber *wahrnehmen,* nicht wie ähnlich wir uns tatsächlich sind (Tidwell et al., 2012). Das Sprichwort „Gegensätze ziehen sich an" lässt sich also in der Regel durch sozialpsychologische Forschung eher weniger bestätigen. Stattdessen scheint sich die Wendung „Gleich und Gleich gesellt sich gern" zu bewahrheiten.

Dass die Wahrnehmung von Ähnlichkeit zwischen Menschen auch deren Verhalten nachhaltig beeinflusst, konnten Batson et al. (1981) in ihrer berühmten „Elaine"-Studie zeigen. Studierende wurden dazu eingeladen, an einem Lernexperiment mit „Elaine" teilzunehmen. Die Teilnehmenden wussten aber nicht, dass es sich bei Elaine um eine *Konföderierte,* also eine in das Experiment eingeweihte Person handelte. Sie erhielten zunächst einen angeblich von Elaine ausgefüllten Vorabfragebogen, durch den ihnen vermittelt wurde, dass Elaine ihnen entweder sehr ähnlich oder unähnlich sei. Sie nahmen dann gemeinsam mit Elaine an einem Lernexperiment teil, in welchem sie vermeintlich „zufällig" die Beobachtungsposition einnahmen, während Elaine eine Lernaufgabe erfüllen musste, bei der sie für falsche Antworten leichte Elektroschocks erhielt. Zusätzlich erfuhren sie, dass Elaine aufgrund eines negativen Kindheitserlebnisses mit einem Elektrozaun große Angst vor Stromschlägen habe. Der Hälfte der Teilnehmenden wurde dann mitgeteilt, dass sie sich nicht das ganze Experiment ansehen müssten, sondern gerne früher gehen könnten, wenn sie wollten, da ihre Anwesenheit ab diesem Zeitpunkt nicht mehr nötig sei, im Gegensatz zur anderen Hälfte, welche zehn Durchgänge lang bleiben sollte. Untersucht wurde, wer bereit war, freiwillig den Platz mit Elaine zu tauschen und die Elektroschocks auf sich zu nehmen.

Hier konnten zwei Tendenzen beobachtet werden. Erstens: Wenn Elaine von den Versuchsteilnehmenden als *unähnlich* angesehen worden war, hatte das Wissen darüber, dass das Experiment schneller verlassen werden konnte, einen erheblichen Einfluss auf die Entscheidung, den Platz mit Elaine zu tauschen. Hatten die Teilnehmenden die Aussicht, bald die Studie zu verlassen, waren nur wenige zu einem Rollentausch bereit. War ihre Aussicht jedoch die, dass sie bis zum Ende des Versuchs bleiben mussten, waren durchaus sehr viel mehr Menschen bereit, den Platz mit Elaine zu tauschen, da offenbar das Miterleben ihrer Qualen anstrengender war, als selbst ein paar harmlose Stromschläge zu bekommen. Bei einer als unähnlich erlebten Elaine entschieden die Versuchsteilnehmenden also offensichtlich nach ihren persönlichen Kosten- und Nutzenerwartungen. Es macht offensichtlich den wenigsten Menschen Spaß, anderen beim Leiden zuzusehen, und dies führt dann dazu, dass sie durchaus bereit sind, unter dem Einsatz von eigenen Kosten zu helfen.

Zweitens zeigte sich, dass, wenn Elaine von den Versuchsteilnehmenden als *ähnlich* wahrgenommen wurde, die erwarteten Kosten und Nutzen *keinen* Einfluss auf die Entscheidung hatten, ihr zu helfen. Die Teilnehmenden waren jetzt fast durchweg bereit, den Platz mit Elaine zu tauschen und die Elektroschocks an ihrer Stelle anzunehmen, unabhängig davon, ob sie die Situation früher oder später verlassen durften. Die Ähnlichkeitswahrnehmung führte also dazu, dass die Teilnehmenden bereit waren, für eine Fremde eigenes Leid auf sich zu nehmen, und dies auch dann, wenn sie die Situation hätten verlassen können. Als Grund für dieses selbstlose Verhalten sehen Batson et al. (1981) das Gefühl von Empathie. Empathie (verstanden als mitfühlendes, wohlwollendes Gefühl für die andere Person) motiviert Menschen dazu, anderen zu helfen, und zwar unabhängig von den eigenen Kosten- und Nutzenerwartungen. Und um Empathie zu wecken, bedarf es lediglich der Wahrnehmung von Ähnlichkeit.

Kurz gesagt kann unsere Ähnlichkeit mit unserem Gegenüber bestimmen, wen wir näher kennenlernen möchten, wie positiv dieses Kennenlernen verläuft und damit, wie wir unseren Mitmenschen gegenüber eingestellt sind, etwa ob wir Empathie für sie empfinden oder nicht. Basale Ähnlichkeiten können wir bereits auf den ersten Blick erfassen. So haben wir beispielsweise die Tendenz, eher mit Menschen in Interaktion zu treten, mit denen wir grundlegende soziale Kategorien wie Alter, Geschlecht oder soziale Herkunft teilen, also Merkmale, die wir leicht am äußeren Erscheinungsbild ablesen können.

Doch um unsere Ähnlichkeit zu einer unbekannten Person tiefergehend einschätzen zu können, ist es zentral, die Person tatsächlich kennenzulernen. Dieser Prozess des Kennenlernens verläuft häufig nach dem gleichen grundlegenden Muster, einem Wechselspiel, bei dem die Akteure schrittweise immer mehr und immer persönlichere Informationen von sich preisgeben (Cunningham et al., 1986). Dabei „durchdringen" die Menschen im Laufe der Zeit immer mehr Schichten, wie bei einer Zwiebel, und nähern sich einander an (Altman & Taylor, 1973). Zu Beginn werden beim Kennenlernen häufig eher oberflächliche Themen miteinander geteilt (Smalltalk), bevor mit der Zeit immer persönlichere Angelegenheiten besprochen werden. Diese wechselseitigen Enthüllungen sorgen für gegenseitige Sympathie, denn nachdem Menschen etwas von sich selbst erzählt haben, mögen sie die andere Person mehr, und andersherum mögen diese Menschen sie ebenso mehr, wenn sie etwas von sich preisgegeben haben (Collins & Miller, 1994).

In einer berühmten 36-Fragen-Studienreihe wurde dieser Gedanke gewissermaßen umgedreht. Aron et al. (1997) instruierten Studierende, die einander nicht kannten, sich innerhalb von 45 min gegenseitig eine vorher festgelegte Reihe von 36 Fragen zu stellen, welche sich schrittweise in ihrer Intensität bzw. Intimität steigerten, also zunehmend intimere Einsichten in das Gegenüber erlaubten. Zu Beginn wurde etwa gefragt: „Wärst du gerne berühmt? In welcher Weise?", gefolgt von Fragen wie: „Was ist deine schönste Erinnerung?", bis hin zu: „Teile ein persönliches Problem und frage dein Gegenüber um Rat. Bitte ihn:sie außerdem darum, dir zu reflektieren, wie du über dieses Problem zu fühlen scheinst." Im Vergleich zu einer Kontrollgruppe fühlten sich die Studierenden, die diese Fragen gemeinsam bearbeiteten, ihrem zuvor fremden Gegenüber bereits nach nur 45 min emotional deutlich näher als Studierende, die sich ohne diesen Fragenkatalog unterhalten hatten. Noch verblüffender erscheint die Anekdote, dass zwei Teilnehmende einer Vorstudie später tatsächlich heirateten, nachdem sie sich auf diesem experimentellen Weg kennengelernt hatten. Nähe war also derart induziert worden, dass eine reale Beziehung entstand (Aron et al., 1997).

Beim Kennenlernen können aber auch Hindernisse auftreten, etwa wenn Menschen aus unterschiedlichen Kulturen stammen. Die uns jeweils prägende Kultur legt in einem hohen Maße fest, welche Informationen wir als intim ansehen und welche nicht. In den USA gilt zum Beispiel das politische Wahlverhalten als eine intime Information, in Deutschland das Gehalt. Kulturen regeln jedoch nicht nur den Intimitätsgrad von Informationen, sondern auch, wie Annäherung zwischen Menschen verläuft und welche (auch nonverbalen) Schritte in welcher Reihenfolge hierbei in der Regel durchlaufen werden. Vielleicht haben Sie selbst schon einmal eine Ihnen unbekannte Person außerhalb Ihres sozialen oder kulturellen Umfelds kennengelernt und sind beim Kennenlernen in einige Fettnäpfchen getappt. Sie haben vermeintliche Zeichen missdeutet oder Ihnen kam das Kennenlernen ungewöhnlich offensiv oder vorsichtig bzw. direkt oder indirekt vor. Junge Männer halten sich zum Beispiel in Indien gerne an der Hand, was bei uns in Deutschland etwas ganz anderes symbolisiert als eine rein freundschaftliche Verbundenheit. Eine schöne Illustration solcher sozial und kulturell geteilten Annahmen über den Kennenlernprozess ergab sich, als sowohl die während des Zweiten Weltkriegs in England stationierten US-Soldaten als auch die englischen Frauen behaupteten, dass die jeweils andere Gruppe sexuell leicht zugänglich bzw. übertrieben stürmisch sei. Diese jeweiligen Auffassungen könnten dadurch zustande gekommen sein, dass bei den US-Soldaten und den englischen Frauen unterschiedliche „Skripte", also erwartete Handlungsabfolgen für Dates vorgelegen hatten. So kam wohl das Küssen für amerikanische Soldaten normalerweise bereits recht früh nach dem ersten Kennenlernen und hatte somit keine starke sexuelle Bedeutung. Engländerinnen hingegen sahen Küssen als einen recht offensiven Schritt an, der in der Regel zu einem späteren Zeitpunkt eines Dates erfolgte und eindeutige sexuelle Signale aussendete. Demzufolge hat sich sowohl eine

3 Du und ich (interpersonale Beziehungen)

nach dem ersten Treffen geküsste Engländerin von einem vermeintlich offensiv küssenden Amerikaner überrumpelt gefühlt, aber ebenso der Amerikaner, wenn die Engländerin sich entschied, der vermeintlich „eindeutigen sexuellen" Aufforderung nachzukommen (diese anekdotische Beschreibung unterschiedlichen Datingverhaltens stammt aus Watzlawick et al., 2011). Wenngleich diese Betrachtungen in Zeiten des Online-Datings schon etwas veraltet erscheinen mögen, zeigen sie doch, dass menschliches Annäherungsverhalten durchaus regelgeleitet abläuft – und dass es in dessen genauem Ablauf kulturell bedingte Unterschiede geben kann, welche zu Missverständnissen führen können.

Auch heute lässt sich davon ausgehen, dass Menschen beim romantischen Kennenlernen eine Art Ritual durchführen, bei dem gewisse Handlungen, etwa Augenkontakt, Lächeln, Nähe suchen oder Nicken, Zuneigung oder gar Liebe kommunizieren, wobei sie einer gewissen Reihenfolge und damit einem „unsichtbaren Takt" folgen (Gonzaga et al., 2001). Das heißt jedoch nicht, dass sich alle Liebesbeziehungen gleich entwickeln oder am Ende gleich aussehen. Tatsächlich zeigen sich systematische Unterschiede darin, wie eng sich Menschen in partnerschaftlichen Beziehungen verbunden fühlen. Sternberg (1986) entwickelte eine Klassifikation für Liebesbeziehungen, wobei er annahm, dass sich Liebesbeziehungen darin unterschieden, ob die drei Komponenten emotionale Nähe, Leidenschaft und Festlegung/Verbindlichkeit vorhanden seien, wobei nur das Vorhandensein aller drei Komponenten gleichzeitig zur „vollkommenen Liebe" führe. Wenn nur eine oder zwei der drei möglichen Komponenten vorhanden sind, dann geht Sternberg davon aus, dass diese Beziehungen sich qualitativ von der „vollkommenen Liebe" unterscheiden und auf eine andere Art von Beziehung hindeuten. Wäre zum Beispiel in einer Beziehung nur emotionale Nähe ausgeprägt, so würde dies eher auf ein bloßes „Mögen" denn auf eine erfüllte Liebesbeziehung hinweisen. Gleichwohl macht dieses sehr beschreibende Modell von Sternberg keine Vorhersagen über die Dauer oder gar die Zufriedenheit einer Beziehung, insofern taugt es nicht wirklich als Gradmesser für die eigene Beziehung und, bedeutender, für die Frage, ob man denn selbst in seiner Liebesbeziehung glücklich ist.

Doch auch wenn sich zwischen zwei Menschen Liebe eingestellt hat, heißt das nicht, dass dies für immer so bleibt. Eine ganze Zeit lang ist die Forschung zu Paarbeziehungen davon ausgegangen, dass Liebes- bzw. Paarbeziehungen hinsichtlich ihres Zufriedenheitsverlaufs eine sogenannte U-Form haben (z. B. Rollins & Cannon, 1974). Das heißt, dass die Zufriedenheit mit der Paarbeziehung zu Beginn am stärksten ist, dann mit der Zeit abfällt, um mit fortdauernder Zeit wieder zu steigen. Diese optimistische Annahme ließ sich jedoch nicht halten. Vaillant und Vaillant (1993) zeigten zum Beispiel anhand einer 40 Jahre andauernden Längsschnittstudie mit 169 College-Paaren, dass die Zufriedenheit mit der Paarbeziehung stetig abnahm, bis sie nach circa 20 Jahren Beziehung einen Tiefpunkt erreichte. Danach stieg die Zufriedenheit mit der jeweiligen Paarbeziehung jedoch nicht wieder an, sondern stagnierte auf dem erreichten niedrigen Niveau. Auch Glenn (1998) zeigte an fünf amerikanischen 10-Jahres-Kohorten, dass es mit fortschreitender Zeitdauer nicht zu einer Besserung der Paarzufriedenheit kommt.

Allerdings führen selbst sehr unglückliche Liebesbeziehungen nicht dazu, dass sich Menschen notwendigerweise trennen. Rusbult (1983) entwickelte das „Investmentmodell" der Beziehung, mit dem der Grad der Festlegung auf die Beziehung und damit auch deren Stabilität durch die Betrachtung von drei Faktoren maßgeblich vorhergesagt werden kann. Die Zufriedenheit mit der Beziehung ist dabei nur ein Faktor, ein anderer ist die Qualität der verfügbaren Alternativen zur eigenen Beziehung und der letzte und nicht zu unterschätzende Faktor ist die Summe der in die Beziehung getätigten Investitionen (Haus, Kinder, gemeinsamer Freundeskreis, emotionales Vertrauen etc.), welche bei einem Verlassen der Beziehung „abzuschreiben" wären.

Um dieses Modell zu illustrieren, betrachten wir mal eine andere Art von Beziehung statt einer Liebesbeziehung. Stellen Sie sich einen tollen gebrauchten Campingbus vor, den Sie teuer gekauft haben. Dieser hat nun regelmäßig einige Macken, sodass sie partout nicht glücklich mit dem Bus sind und er ständig in die Werkstatt muss und Geld kostet. Gute und qualitativ bessere Alternativen zu ihrem Campingbus gibt es sicherlich, doch es ist schließlich auch *Ihr* Camper, in den Sie schon viel Zeit, Geld und Mühe gesteckt haben. Überlegen Sie nun, wollen Sie ihren Bus verkaufen und einen anderen kaufen oder scheuen Sie davor zurück, weil Sie schon so viel in Ihren Bus investiert haben? Obwohl dieses Beispiel sehr vereinfachend ist, finden sich ähnliche Überlegungen tatsächlich auch in Liebesbeziehungen wieder. Wenn Sie also derzeit in einer unglücklichen Beziehung stehen, dann könnten Sie sich auch hier die Frage stellen, was Sie langfristig zufriedener macht: eine fortbestehende Beziehung inklusive anhaltender Unzufriedenheit und eventuell weiterer Investitionen in die Beziehung, oder die Auflösung der gemeinsamen Beziehung trotz des schmerzhaften Eingestehens, dass Sie Ihre Investitionen in die Beziehung dann abschreiben müssten.

3 Du und ich (interpersonale Beziehungen)

Zusammenfassung

In zwischenmenschlichen Beziehungen kommen verschiedene Prinzipien zum Tragen: In Austauschbeziehungen wird oft das Gleichheitsprinzip angewendet, während in Gemeinschaftsbeziehungen eher das Bedürfnisprinzip eine Rolle spielt. Unsere Wahrnehmung von Ähnlichkeiten beeinflusst nicht nur, wen wir kennenlernen, sondern motiviert uns auch dazu, anderen Menschen unabhängig von persönlichen Kosten und Nutzen zu helfen. Beim gegenseitigen Kennenlernen offenbaren Menschen im Laufe der Zeit immer mehr intime Details über sich selbst und ihr Leben in einem wechselseitigen Austausch. Die Zufriedenheit in romantischen Partnerschaften nimmt oft im Laufe der Zeit ab und stabilisiert sich auf einem niedrigen Niveau. Die Entscheidung, eine Beziehung aufrechtzuerhalten, hängt nicht nur von der Zufriedenheit in der Beziehung ab, sondern auch von der Qualität der Alternativen und den Investitionen, die in die Beziehung getätigt wurden.

Wir gemeinsam in einer Gruppe 4

In diesem Kapitel wird dargestellt, was uns die Sozialpsychologie darüber sagen kann, wie Menschen Entscheidungen fällen und wie sehr der jeweilige (soziale) Kontext Entscheidungen beeinflusst. Außerdem wird gezeigt, wie unsere Gruppenzugehörigkeiten unsere Wahrnehmung der Umwelt beeinflussen und verändern können.

Stellen Sie sich vor, es ist eine unbekannte Krankheit ausgebrochen, an welcher nach Hochrechnungen 600 Menschen sterben werden. Forschende aus zwei unabhängigen Instituten haben unterschiedliche Ansätze entwickelt, um diese Krankheit zu bekämpfen. Programm A wäre in der Lage, 200 Menschenleben sicher zu retten. Programm B hingegen könnte mit einer Wahrscheinlichkeit von einem Drittel alle 600 Menschenleben retten, jedoch auch mit einer Wahrscheinlichkeit von zwei Dritteln niemanden retten. Welches der Programme würden Sie wählen?

Tversky und Kahneman legten 1981 eben diese Entscheidungswahl einer Reihe von Personen vor. Die Mehrheit der Teilnehmenden (72 %) entschied sich für das Programm A. Mathematisch gesehen ist eine Präferenz eines der beiden Programme übrigens nicht sinnvoll, da beide exakt den gleichen Erwartungswert besitzen. Würde man diese Entscheidung unendlich oft wiederholen, wäre es unerheblich, welches Programm gewählt würde, denn im Durchschnitt würden stets 200 Personen gerettet werden. Das fällt den meisten von uns allerdings nicht auf, da wir wirklich sehr schlecht im intuitiven Umgang mit Wahrscheinlichkeiten sind. Tversky und Kahneman gingen nun jedoch noch einen Schritt weiter, denn die Präferenz des Programmes A wäre an sich nicht sehr spektakulär. Sie boten nun anderen Teilnehmenden zwei zusätzliche Programme C und D an. Mit Programm C würden sicher 400 Menschen sterben. Bei Programm D gäbe es eine Wahrscheinlichkeit von einem Drittel, dass niemand sterben müsse, und eine Wahrscheinlichkeit von zwei Dritteln, dass alle 600 sterben müssten.

Wenn Sie jetzt aufgepasst haben, dann haben Sie festgestellt, dass die Programme C und D genau die gleichen sind wie die Programme A und B, nur dass bei ihnen nicht mehr die „Rettung" von Menschenleben im Vordergrund steht, sondern die Abwehr von Verlusten, also Toten. Das Spannende an dieser einfachen Umformulierung ist, dass Menschen nun nicht mehr die sichere Variante wählten (Programm A bzw. C), sondern sich mehrheitlich für das Programm D aussprachen, obwohl auch hier beide Programme exakt den gleichen Erwartungswert hatten.

Formal logisch gesehen macht diese Umkehr der Präferenz überhaupt keinen Sinn und mathematisch schon gar nicht. *Psycho*logisch aber lassen sich diese Entscheidungspräferenzen Tversky und Kahneman zufolge damit erklären, dass Menschen Verluste so stark zu vermeiden versuchen, dass sie eher bereit sind, hierfür „riskantere" Entscheidungen zu treffen. Gewinne dagegen wollen sie lieber sichern, als diese noch einmal zu riskieren. Diese Studie kann also zeigen, wie stark der Kontext unsere Entscheidungen beeinflusst und dass wir nicht, wie häufig angenommen, immer die rational-logisch beste Entscheidung treffen. Diese, bezogen auf ökonomische Entscheidungen, damals neue Erkenntnis verhalf Kahneman 2002 zum Nobelpreis für Wirtschaftswissenschaften. Ähnliche Phänomene zeigten sich allerdings auch in anderen Domänen, wie etwa in Studien von Ritov und Baron (1990). Sie beobachteten, dass Menschen besonders dann eine Impfung ihres Kindes *nicht* durchführen lassen wollten, wenn die Impfung mit einem (geringen) Risiko eines Impfschadens assoziiert worden war. Das klingt erst einmal plausibel, denn niemand möchte sein Kind einer Gefahr aussetzen. Allerdings halten Menschen sich auch dann noch zurück, ihr Kind zu impfen, wenn die Gefahr durch die Unterlassung der Impfung wesentlich größer für das Kind wäre als die Gefahr, die durch eine Impfung entsteht. Als rational kann solch ein Verhalten nicht bezeichnet werden. Psychologisch wiederum lassen sich solcher Entscheidungen damit erklären, dass selbst ein geringes Risiko, durch das eigene Handeln das eigene Kind zu verletzen, eine starke Hemmschwelle darstellt, die nicht einmal durch eine objektive Verbesserung der Lage des Kindes durch einen Eingriff kompensiert werden kann.

Diese Forschungsbefunde zeigen, dass Menschen selbst unter Bedingungen, bei denen es prinzipiell eine logische, berechenbare Grundlage für Entscheidungen gibt, den Kontext in ihre Entscheidung einbeziehen (z. B. retten vs. sterben oder selbst verursachen vs. zufällig erleiden) und dadurch mitunter irrationale Entscheidungen treffen. Solche Befunde sind auch informativ für die Gestaltung

4 Wir gemeinsam in einer Gruppe

von politischer Kommunikation und Informationskampagnen, die darauf abzielen, individuelle Entscheidungen und Verhalten (z.B. Impfentscheidungen) zu beeinflussen.

Im Alltag ist die Welt jedoch zumeist nicht mathematisch berechenbar, sondern mehrdeutig und komplex. Um sie zu verstehen, orientieren wir uns meist an anderen Menschen, denn das kann effektiv und schnell Mehrdeutigkeit und Komplexität reduzieren. Wir verlassen uns dabei oft automatisch darauf, dass andere wissen, was sie tun, und kopieren ihr Verhalten. Und in den meisten Fällen ist es tatsächlich sinnvoll, auf die „Weisheit der Masse" zu setzen. Allerdings lassen wir uns manchmal dadurch auch verführen, irrationale Entscheidungen zu treffen.

Sherif konnte schon zu Beginn des 20. Jahrhunderts (1935) zeigen, dass die individuelle Sicht auf die Welt auch jenseits mathematischer Zahlenspiele nicht so unabhängig und rational ist, wie viele für sich beanspruchen würden. Dafür bat er Versuchsteilnehmende, in einem dunklen Raum einen hellen Lichtkreis anzusehen. Wenn Menschen dies tun, erleben sie zumeist eine optische Täuschung. Sie haben dann das Gefühl, dass sich der Lichtfleck bewegt, obwohl er in Wahrheit an derselben Stelle verharrt. Diesen „autokinetischen Effekt" haben Sie vielleicht selbst schon bemerkt, wenn Sie in einer Sommernacht den Sternenhimmel betrachten und den Eindruck haben, die Sterne würden schimmern oder flackern. Der autokinetische Effekt tritt bei verschiedenen Menschen jedoch in unterschiedlicher Stärke auf. Als Sherif nun die Versuchsteilnehmenden individuell fragte, wie weit sich der helle Fleck im dunklen Raum bewege, erhielt er dementsprechend sehr unterschiedliche Antworten. Für manche Menschen schien er sich im Millimeterbereich zu bewegen, andere nahmen hingegen mehrere Zentimeter wahr.

In einem zweiten Versuchsdurchlauf ließ Sherif jeweils drei Personen gemeinsam in einer Gruppe die Bewegungsweite des Lichtflecks einschätzen. Hier zeigte sich, dass die Teilnehmenden in der Gruppensituation dazu tendierten, mit wiederholten Durchgängen des Experiments immer ähnlichere Einschätzungen abzugeben. Sie sahen mit der Zeit also die gleiche „Tatsache", obwohl es diese, also die Bewegung, gar nicht wirklich gab. Die Wahrnehmung der Individuen hatte sich allein durch den Einfluss der jeweils anderen Menschen verändert, es hatte sich in der jeweiligen Gruppe eine Norm herausgebildet, die festlegte, wie weit sich der Lichtfleck „tatsächlich" bewegte. Diese Norm war bei den Versuchsteilnehmenden sogar dann noch vorhanden, wenn die ursprüngliche Gruppe aufgelöst wurde und die Menschen danach wieder allein im dunklen Raum Einschätzungen über die Bewegungen des hellen Flecks abgeben sollten.

Nun lässt sich einwenden, dass uns in Situationen von Unsicherheit, wenn wir keinen objektiven Maßstab zur Erfassung der Welt haben, gar nichts anderes übrig bleibt, als uns an anderen zu orientieren. Allerdings zeigt sich, dass wir uns selbst dann noch an anderen orientieren, wenn wir uns auf unsere eigene Wahrnehmung gut verlassen könnten, und sogar dann, wenn das Urteil der anderen offensichtlich falsch ist. Dies demonstrierte Solomon Asch in seiner berühmten Studie zur Konformität von 1956. Er ließ die am Versuch Beteiligten eine sehr einfache Wahrnehmungsaufgabe durchführen (Abb. 4.1). Die Teilnehmenden sollten die Länge einer Linie (links) mit der Länge von drei anderen Linien vergleichen und bestimmen, welche zwei Linien genau gleich lang waren. Wie Sie in Abb. 4.1 sehen, waren die Differenzen der Linienlängen derart groß, dass diese Aufgabe wirklich nicht schwer war. Fehler kamen quasi nie vor, und in 99 % der Fälle konnten die Versuchsteilnehmenden die korrekten zwei Linien ohne Probleme identifizieren.

In einem zweiten Durchlauf bat Asch weitere Versuchspersonen, die Aufgabe zu lösen, dieses Mal allerdings gemeinsam in einer Gruppe mit anderen Menschen. Was die Teilnehmenden nicht wussten, war, dass diese Gruppe aus von der Versuchsleitung eingeweihten Personen bestand, die die gleichen falschen Antworten geben sollten, bevor die echte Versuchsperson als Vorletzte in der Gruppe an die Reihe kamen, um ihre Wahrnehmung zu schildern. Erstaunlicherweise passten sich nun bei verschiedenen Versuchsdurchgängen knapp 40 % der Teilnehmenden mindestens einmal an die Gruppenmeinung an und gaben die gleiche und damit falsche Antwort. Und das, obwohl sie eigentlich die Aufgabe

Abb. 4.1 Beispielhafte Darstellung von Aschs Versuchsaufbau (1956)

wie in der ersten Studie zu 99 % richtig hätten beantworten können, wenn sie sich auf ihre eigene Wahrnehmung verlassen hätten.

Asch fand durch Befragung der Versuchsteilnehmenden nach diesen Untersuchungen heraus, dass sie aus unterschiedlichen Gründen mit der falschen Einschätzung der Gruppe konform gegangen waren. Ein Teil der Befragten hatte durch die abweichende Wahrnehmung der anderen Teilnehmenden genuine Zweifel an der eigenen Wahrnehmung entwickelt, der eigenen Wahrnehmung also weniger getraut als der der Gruppe. Diese Art von sozialem Einfluss auf Wahrnehmung und Verhalten wird in der Sozialpsychologie als „informationeller" Einfluss bezeichnet. Menschen sind also bereit, ihrer eigenen Wahrnehmung zu misstrauen, wenn sie der Wahrnehmung einer Gruppe mehr Gültigkeit zusprechen als der eigenen. Der andere Teil der Befragten änderte seine Meinung jedoch nicht, weil sie die Gruppenmeinung für zutreffend hielten, sondern weil ihre Abweichung von der Gruppenmeinung in ihnen ein unerträglich unangenehmes Gefühl auslöste. Die Versuchsteilnehmenden hatten das Bedürfnis, dieses Gefühl zu beseitigen, und entschieden sich deshalb entgegen besseren Wissens dafür, der falschen Antwort der Gruppe zuzustimmen. Sie erlagen somit dem sogenannten „normativen" Einfluss ihrer Mitmenschen. Normativer Einfluss bezeichnet das Phänomen, dass Menschen ihr Verhalten verändern, um den wahrgenommenen sozialen Erwartungen anderer zu entsprechen. Im sozialen Miteinander üben Menschen häufig zeitgleich beide Formen von Einfluss – sowohl informationellen als auch normativen – aufeinander aus, sodass menschliches Verhalten und Wahrnehmung immer auch durch die jeweilige soziale Situation beeinflusst sein können.

Die aufgeführten Befunde zum autokinetischen Effekt und zur Einschätzung von Linienlängen legen also nahe, dass unsere individuelle Wahrnehmung und unsere Entscheidungen häufig gar nicht so individuell sind, sondern im Gegenteil recht konform mit der jeweiligen Gruppe sein können. Soziale Normen verleiten uns offensichtlich dazu, uns an unseren Mitmenschen zu orientieren und entsprechend sozial erwünscht zu handeln. Die Gruppen, in denen wir uns bewegen, haben zudem erheblichen Einfluss darauf, welche Informationen wir bekommen und wie der normative Druck aussieht, unter dessen Einfluss wir die Welt betrachten.

Interkulturelle Vergleichsstudien zeigen exemplarisch, wie die Sozialisation in verschiedenen Gruppen zu unterschiedlichen Wahrnehmungen ein und derselben Gegebenheit anleitet. Masuda und Nisbett (2001) beispielsweise zeigten japanischen und US-amerikanischen Studienteilnehmenden Videos von hin und her schwimmenden Fischen in einem Aquarium und ließen sie danach über die Videos sprechen. Die japanischen Versuchsteilnehmenden tendierten im Vergleich zu den US-amerikanischen dazu, die Merkmale des Kontextes (Wasserpflanzen) zu beschreiben und zu erinnern, während die US-amerikanischen Versuchsteilnehmenden besonders gut darin waren, einzelne Fische im Vordergrund des Beckens zu erinnern. Beide Gruppen hatten also einen anderen Blick auf die gleiche Szene und daher auch etwas anderes gesehen und erinnert. In einer weiteren Studie legten Morris und Peng (1994) chinesischen und US-amerikanischen Versuchsteilnehmenden jeweils Bildsequenzen vor, in denen Fischschwärme zu sehen waren. Im Verlauf der Bildsequenzen löste sich einer dieser Fische vom Schwarm und sonderte sich ab. Gefragt nach den Beweggründen für das Verhalten dieses einzelnen Fisches, führten die US-amerikanischen Versuchsteilnehmenden vermehrt Gründe an, die mit den Eigenschaften und der inneren Haltung des Fisches zu tun hatten, wohingegen die chinesischen Versuchsteilnehmenden vermehrt auf externe Zwänge verwiesen, die den Fisch zu seinem abweichenden Verhalten bewegt haben könnten. Beide Gruppen sahen die gleiche Bildsequenz, entnahmen ihr aufgrund ihres kulturellen Hintergrunds jedoch wesentlich andere Informationen und Erklärungen für das beobachtete Verhalten. Die Wahrnehmung der Teilnehmenden wurde also fundamental durch ihren sozialen und kulturellen Kontext beeinflusst.

Darüber hinaus können unsere Mitmenschen auch beeinflussen, wie wir uns *fühlen*. Empfinden Menschen sich beispielsweise einer Gruppe zugehörig, dann erleben sie sich und die anderen Gruppenmitglieder als ein „Wir" und einzelne Gruppenmitglieder demnach als relativ austauschbar und nicht mehr als einzigartige Individuen (Smith & Mackie, 2015). Das „Empfinden der Gruppe" beeinflusst dann auch zunehmend das individuelle Empfinden – sogar dann, wenn die einzelnen Gruppenmitglieder von den Ergebnissen der Gruppe gar nicht wirklich betroffen sind (Mackie et al., 2000). Dies lässt sich beobachten, wenn Menschen vor dem Fernseher sitzen, einen Ball in einem Netz landen sehen und dann von sich behaupten, Fußballweltmeister zu sein, ohne irgendeine direkte Verbindung zu dem Ereignis zu haben. Sie fühlen sich dennoch aufgrund ihrer sozialen – in diesem Fall nationalen – Identität als Fußballweltmeister, Exportweltmeister, Sieger der Herzen etc., obwohl dies faktisch die meisten Menschen gar nicht betrifft und sie selbst wenig bis gar nichts dazu beigetragen haben oder davon profitieren. Menschen empfinden also mit der eigenen Gruppe und übernehmen deren Emotionen. Wenn „unsere Mannschaft" gewinnt, dann sind auch wir Teil dieses Gewinnens, und das löst in uns Freude aus. Umgekehrt führt jedoch auch ein Misserfolg der eigenen Mannschaft zu eigenen negativen Gefühlen wie Trauer.

Die Sozialpsychologie spricht in diesen Fällen von gruppenbasierten Emotionen, die ebenso wie individuelle Emotionen authentisch als eigene Emotionen erlebt werden. Dabei können Menschen aufgrund ihrer Gruppenmitgliedschaften nicht nur Freude, Stolz, Wut oder Trauer, sondern auch sehr komplexe Emotionen entwickeln, wie Schuld oder Schadenfreude. Gruppenbasierte Emotionen können auch zum Handeln gegenüber anderen Gruppen motivieren (Barth et al., 2015). So kann beispielsweise das Wissen über Verfehlungen der eigenen Gruppe, etwa das Verhalten der Deutschen in Namibia während der Kolonialzeit, Schuldgefühle auslösen und zu einer erhöhten Bereitschaft führen, Reparationen an die von den Deutschen blutig kolonialisierten und ausgebeuteten Herero im heutigen Namibia zu zahlen (Barth & Stürmer, 2016). Menschen empfinden also Gefühle „für" und „mit" ihren sozialen Gruppen, auch dann, wenn die Handlungen der Gruppe nicht der unmittelbaren eigenen Handlung entsprechen.

Zusammenfassung
Die Wahrnehmung eines Menschen wird maßgeblich durch die Wahrnehmung anderer beeinflusst. Sowohl informativer als auch normativer Einfluss führen dazu, dass Menschen ihre Wahrnehmung und/oder ihr Verhalten an den Normen der Gruppe anpassen. Menschen empfinden sich als Teil von Gruppen und erleben dementsprechend gruppenbasierte Emotionen, selbst wenn sie nicht direkt von den Handlungen oder Entscheidungen der Gruppe betroffen sind.

„Wir" sind anders als „die" 5

Was hat die Sozialpsychologie dazu zu sagen, wie wir andere Menschen ansehen und bewerten, wenn sie nicht der gleichen Gruppe wie wir selbst angehören? Und warum bewirkt die einfache Einteilung in verschiedene Gruppen und soziale Kategorien bereits eine veränderte Wahrnehmung von anderen Menschen? Im vorherigen Kapitel haben wir gesehen, dass Menschen sich aufgrund ihrer Gruppenmitgliedschaften unterschiedlich gegenüber anderen Menschen verhalten können. Dabei entwickeln sie gruppenbasierte Bewertungen, also Vorurteile gegenüber anderen sozialen Gruppen und ihren Mitgliedern. Diese Bewertungen müssen nicht negativer Natur sein, sondern können auch positive Assoziationen aufweisen, doch gibt es im gesellschaftlichen Durchschnitt zumeist bestimmte Gruppen, die vermehrt entweder mit positiven oder negativen Bewertungen belegt werden. Doch wie entstehen solche Vorurteile und wie kann sich aus ihnen gesellschaftliche Diskriminierung entwickeln? Diesen Fragen widmet sich dieses Kapitel.

In den „jungen Jahren" der Sozialpsychologie nach dem Zweiten Weltkrieg lag ein großes Augenmerk auf der Beantwortung der Frage, wie es zu den Verbrechen des Nationalsozialismus kommen konnte, wie und warum Menschen andere Menschen aufgrund ihrer Gruppenzugehörigkeit abwerten, diskriminieren oder sogar töten konnten. Einen der ersten umfassenderen Erklärungsversuche lieferte der Philosoph Theodor W. Adorno (Adorno et al., 1950) mit seinen Studien zum autoritären Charakter. Die Forschungsgruppe um Adorno ging davon aus, dass für Abwertungen von Fremdgruppen ein autoritärer Charakter verantwortlich sei, der in der Kindheit über einen strengen elterlichen Erziehungsstil sozialisiert werde. Dieser Erziehungsstil fördere einfaches Denken, das Festhalten an Konventionen sowie Unterwürfigkeit gegenüber Autorität. Adorno und seine Mitforschenden gingen davon aus, dass der autoritäre Erziehungsstil in Deutschland damals häufiger vertreten war als in anderen Nationen, was zu blindem Gehorsam und den Verbrechen des Nationalsozialismus beigetragen hätte.

Diese sehr auf das Individuum und seinen Charakter abzielende Erklärung für die Entstehung und das Weiterbestehen von Stereotypen und Vorurteilen wurde jedoch durch eine der berühmtesten Studienreihen der sozialpsychologischen Geschichte von Sherif et al. (1961) bald infrage gestellt. Diese Studie wurde in einem Sommerferienlager durchgeführt, in das amerikanische Vorstadtkinder von ihren Eltern geschickt wurden. Da es in den USA üblich war, und immer noch ist, die eigenen Kinder in solche „Summer-Camps" zu schicken, war die hier zu findende Stichprobe geradezu prototypisch für einen Teil der damaligen amerikanischen weißen Mittelschichtsgesellschaft, also für eine Gruppe, die im Vergleich zu den „autoritären Deutschen" nicht im Verdacht stand, aufgrund ihrer Erziehung besonders mit Vorurteilen behaftet zu sein.

Zunächst ließen die Forschenden die Kinder im Ferienlager spontane Freundschaften schließen, wie dies häufig der Fall ist, wenn gleichaltrige Kinder aufeinandertreffen. Anschließend trafen die Kinder jedoch auf eine weitere, bisher unbekannte Gruppe Kinder und fortan wurden alle Aktivitäten des Feriencamps entlang zweier Gruppenzugehörigkeiten strukturiert. Die Forschenden ließen beispielsweise die Gruppen sogenannte Nullsummenspiele gegeneinander spielen, also Spiele, bei denen der Gewinn einer Gruppe den Verlust der anderen Gruppe darstellt (z. B. Seilziehen). Es ist wenig verwunderlich, dass sich aus diesen Wettkämpfen schnell eine kompetitive und sogar feindselige Haltung der beiden Gruppen zueinander entwickelte. Auch entstanden dadurch Stereotype und Vorurteile über die jeweils andere Gruppe. Dies werteten die Forschenden als einen ersten Beweis dafür, dass die Entstehung von Stereotypen nicht nur auf den Charakter oder die Erziehung eines einzelnen Menschen zurückzuführen ist, sondern auf die soziale Situation, in der sich verschiedene Gruppen befinden, und dass die Entstehung von Stereotypen somit leicht durch externe Bedingungen gefördert werden kann. Um diesen Gedanken zu untermauern, entwickelten sie anschließend kooperative Aufgaben, bei denen beide Gruppen von Kindern auf die Zusammenarbeit mit der jeweils anderen Gruppe angewiesen waren. So wurde simuliert, dass ein Transporter mit Lebensmitteln für das Ferienlager stecken geblieben sei und die Bergung des Lastwagens die Zusammenarbeit beider Gruppen erfordere. Als Resultat dieser neuen Art von Aufgaben nahmen die Feindseligkeiten und Vorurteile zwischen den beiden Kindergruppen ab.

Sherif et al. (1961) werteten die Befunde als Unterstützung ihrer Annahme, dass ein Konflikt zwischen Gruppen maßgeblich für die Entstehung von Vorurteilen und feindseligem Verhalten verantwortlich sein kann. Sie entwickelten daraus die *Theorie des realistischen Gruppenkonflikts*. Noch bedeutsamer war allerdings die zweite aus den Ferienlager-Studien hervorgehende Erkenntnis: Vorurteile und Diskriminierung sind nicht unbedingt eine Frage des individuellen Charakters, wie wir oft annehmen, sie entstehen auch bei nicht autoritären Persönlichkeiten, sogar bei wohl erzogenen amerikanischen Vorstadtkindern, wenn die Situation dies vorgibt.

Im Nachtrag ist zu betonen, dass die Studien von Sherif et al. rückblickend durchaus umstritten sind (z. B. Perry, 2013): Ist es ethisch vertretbar, zu Forschungszielen Konflikt zu schüren? Auch es ist fraglich, ob sie sich wirklich replizieren lassen, selbst wenn man dem ethischen Vorgehen von Sherif zustimmen würde. Tatsächlich hatte Sherifs Team nämlich mehrere solche Feriencamps veranstaltet, aber nur in einem waren die oben geschilderten Ergebnisse beobachtet worden. Nichtsdestotrotz illustrierte dieses Experiment auf sehr eindrückliche Weise, welch starken Einfluss die soziale Situation auf Menschen haben *kann*. Historisch gesehen war dies ein Grund dafür, dass die Sozialpsychologie sich wegbewegte von Persönlichkeitstheorien zur Erklärung von Verbrechen hin zu situativen Einflüssen und interpersonalen Prozessen als Grundlage von (problematischem) menschlichem Verhalten. Die aktuelle Forschung zeigt aber auch auf, dass existenzielle oder materielle Konflikte keine notwendige Voraussetzungen für das Entstehen von Stereotypen und Vorurteilen sind. Im Gegenteil, die reine Wahrnehmung von Andersartigkeit, z.B. in Überzeugungen und Wertehaltungen, kann bereits als Bedrohung und symbolischer Konflikt wahrgenommen werden und zur Ablehnung von Gruppen führen.

Um die Entstehung von Vorurteilen und Stereotypen als Basis von Diskriminierung und Konflikten von Gruppen zu verstehen, muss man sogar noch einen weiteren Schritt von den Ideen Sherifs zurücktreten. Denn um anderen Menschen überhaupt aufgrund ihrer sozialen Gruppenzugehörigkeit positiv oder negativ gesinnt zu sein, bedarf es erst einmal der zwingenden Voraussetzung, dass wir sie einer anderen sozialen Gruppe zuordnen als der eigenen. Dies beinhaltet den Prozess der *sozialen Kategorisierung,* in dem andere Menschen basierend auf wahrgenommenen Gemeinsamkeiten und Unterschieden Gruppen zugeordnet werden. Dieses Schubladendenken ist ein normaler psychologischer Prozess, er lässt sich weniger als schlechte Angewohnheit einzelner Personen verstehen, sondern eher als schnelle und praktische Funktionsweise des menschlichen kognitiven Apparats, um die Fülle aus der Umwelt kommender sozialer Informationen zu verarbeiten. „Schubladen" helfen dem Menschen, die Umwelt schneller zu begreifen und Handlungsentscheidungen zu treffen.

Wenn Sie, liebe Lesenden, mit einer unbekannten Person interagieren, dann hilft es Ihnen, durch eine schnelle Kategorisierung als Mann, Frau, Kind, Erwachsener, alt, jung, Straßenbahnfahrer, Verkäuferin oder Professorin Vorhersagen abzuleiten, wie die Person sich wahrscheinlich verhalten wird. Auch lassen sich leichter Entscheidungen darüber treffen, wie Sie sich selbst ihr gegenüber verhalten wollen oder sollten.

In Kap. 2 haben wir gesehen, dass wir unser Selbst nur im Vergleich zu anderen Menschen und deren Charaktereigenschaften, also erst durch die Abgrenzung zu anderen verstehen können. Genau so verhält es sich mit Gruppen und unseren sozialen Identitäten: Um zu verstehen, was die eigene Gruppe ausmacht, bedarf es des Vergleiches mit und der Abgrenzung von einer oder mehreren anderen Gruppen. Aufgrund dieses Zusammenhangs ist es nicht besonders verwunderlich, dass Menschen in ihrer Wahrnehmung sehr klar zwischen „wir" und „die" unterscheiden. Als Schülerin einer bestimmten Schule, Student einer bestimmten Uni oder Bewohnerin einer bestimmten Stadt fallen Ihnen sicherlich recht schnell Gründe ein, wieso es sinnvoll und informativ sein sollte, zwischen Personen aus Ihrer Schule, Uni oder Stadt und jenen der Nachbarschule, -uni oder -stadt zu unterscheiden – schließlich gibt es offensichtliche, tatsächliche Unterschiede.

Allerdings sind die Unterschiede meist gar nicht so fundamental, wie sie uns zunächst erscheinen mögen. So sehen viele Menschen in Europa Deutsche und Franzosen als unterschiedlich an. Gleichwohl haben die Bewohnerinnen und Bewohner Deutschlands und Frankreichs viel mehr Ähnlichkeiten als Unterschiede. Die meisten von ihnen haben einen Kopf, zwei Arme, zwei Beine, Haare etc. Sie alle essen Lebensmittel, und ja, sie trinken auch Wasser. Sie lachen gerne und sind traurig, wenn ein ihnen nahestehender Mensch stirbt. Allgemein sind bestehende Unterschiede zwischen Gruppen von Menschen im Vergleich zu der Summe ihrer unerschöpflich zahlreichen Übereinstimmungen vernachlässigbar gering, selbst wenn es sich um so basale Kategorisierungen wie Alter, Geschlecht oder kulturelle Herkunft handelt. Auch genetisch haben Menschen so viel miteinander gemeinsam, dass eine Unterscheidung von „wir" und „die" nicht durch irgendwelche Gene rational rechtfertigbar wäre, egal welche Gruppengrenzen man ziehen würde (Fischer et al., 2019). Hinzu kommt, dass die Unterschiedlichkeit der Menschen innerhalb einer Gruppe fast immer größer ist als die Unterschiede zwischen zwei Gruppen. Vergleichen wir alle Deutschen miteinander, so würden wir bei vielen Merkmalen sehr große Unterschiedlichkeiten beobachten können, wir sind ja nicht alle identisch. Genauso große Unterschiede finden Sie auch unter allen Menschen, die in Frankreich, den Niederlanden oder Vietnam leben. Und als deutsche Lesende eines Psychologiebuches werden Sie mit französischen Psychologie-Interessierten mit einiger Wahrscheinlichkeit viel mehr Gemeinsamkeiten, Interessen und Vorlieben teilen als mit einer beliebigen deutschen Person, der Sie zufällig auf der Straße begegnen und mit der Sie lediglich die Zugehörigkeit zu einer Nation teilen.

Um das Argument der Unterschiede zwischen zwei Gruppen und innerhalb von Gruppen zu illustrieren, können wir zwei der meistzitierten Befunde von Gruppenunterschieden in der Psychologie betrachten: Im Durchschnitt schneiden Frauen bei einer mentalen Rotationsaufgabe, also einer Aufgabe zur räumlichen Vorstellungskraft, schlechter ab als Männer (Collins & Kimura, 1997). Wenn es dagegen um das Buchstabieren geht, sind Frauen besser als Männer (Johnson & Bouchard, 2007). Bei diesen Befunden handelt es sich um einige der größten kognitiven Geschlechterunterschiede, die sich in der psychologischen Forschung bisher haben nachweisen lassen. Doch wenn wir uns die Fähigkeiten von einzelnen Frauen und Männern etwas genauer anschauen, dann erkennen wir, dass diese innerhalb der Gruppen derart unterschiedlich ausfallen, dass es eine Überschneidung der Geschlechter von ca. 60 % gibt (das heißt, dass sich 60 % der Individuen aus beiden Gruppen im gleichen Fähigkeitsbereich bewegen). Auch hier gibt es also deutlich mehr Gemeinsamkeiten als Unterschiede zwischen den Geschlechtern!

Dies zeigt, dass Menschen die als fundamental empfundenen Unterschiede zwischen Gruppen und deren Mitgliedern weniger wahrnehmen, sondern *übertreiben*, da es eigentlich mehr Gemeinsamkeiten als Unterschiede gibt. Darüber hinaus kann die Wahrnehmung von Unterschieden überhaupt erst auf die Kategorisierung selbst zurückzuführen sein. Die Einteilung in Gruppen kann also selbst zu wahrgenommener Unterschiedlichkeit führen.

Um die Effekte von Kategorisierung auf die Wahrnehmung zu verstehen, kann auf eine Studie von Tajfel und Wilkes (1963) verwiesen werden. Dabei mussten die Teilnehmenden Linien in verschiedener Länge betrachten und dann deren jeweilige Länge schätzen. Dies gelang den Versuchsteilnehmenden, wenig überraschend, recht gut. In einem zweiten Versuchsaufbau änderten die Forschenden nichts an den gezeigten Linien, sie schrieben jedoch unter die kürzeren Linien jeweils den Buchstaben A und unter die längeren Linien den Buchstaben B und baten daraufhin eine neue Gruppe von Versuchsteilnehmenden, die Länge dieser Linien einzuschätzen. Was sich zeigte, war, dass sich die Wahrnehmung der Länge durch die Zuschreibung eines willkürlichen Buchstabens veränderte. Die Linien, welche mit dem gleichen Buchstaben gekennzeichnet worden waren, wurden nun ähnlich lang wahrgenommen. Das heißt, dass alle A-Linien und alle B-Linien auf einmal als einander ähnlicher wahrgenommen wurden, als sie real waren. Tajfel und Wilkes nannten diese Homogenisierung bei der Einschätzung der Linienlänge den *Intraklasseneffekt*. Sie stellten jedoch auch fest, dass die

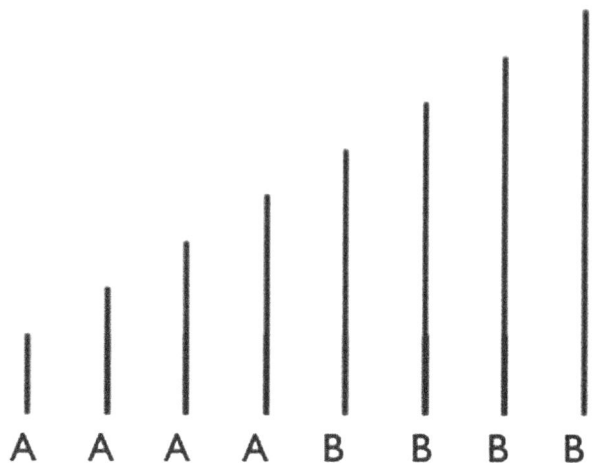

Abb. 5.1 Schematische Darstellung des Versuchsaufbaus von Tajfel und Wilkes (1963)

Teilnehmenden innerhalb der Gruppen nicht nur die Linien als einander ähnlicher wahrnahmen, sondern ihnen auch die Unterschiede zwischen den A- und B-Linien größer erschienen. Diesen Effekt bezeichneten Tajfel und Wilkes als *Interklasseneffekt* (Abb. 5.1). Die reine Einteilung in Gruppen sorgte also für eine Wahrnehmung von Gemeinsamkeiten und Unterschieden, die zuvor nicht gesehen wurden.

Genau solche Wahrnehmungsunterschiede in Abhängigkeit von der Kategorisierung finden sich auch bei der Wahrnehmung von Menschen. So werden Menschen, die der eigenen Gruppe zugeordnet werden, der sogenannten Eigengruppe, durchschnittlich eher dem eigenen Selbst ähnlicher wahrgenommen, und Menschen, die einer anderen Gruppe, der Fremdgruppe, zugeordnet werden, durchschnittlich als dem eigenen Selbst unähnlicher (Simon, 1992). Zusätzlich neigen wir häufiger dazu, Menschen aus anderen Gruppen für untereinander austauschbar oder verwechselbar zu halten, „die sind doch alle gleich".

Die bloße Kategorisierung von Menschen als der Eigen- und der Fremdgruppe zugehörig kann also, ähnlich wie Stereotype, als „Brille" fungieren, durch die wir unsere Umwelt interpretieren, und auch beeinflussen, wie wir Informationen über einzelne Personen einordnen. Solch unterschiedliche Wahrnehmungen und Interpretationen könnten zunächst einmal unproblematisch erscheinen, doch haben sie durchaus weitergehende Folgen. Viele Gruppen existieren in der Welt ja nicht per Zufall, sondern sind anhand von sozialen, historischen, gesellschaftlichen oder Herrschafts- und Machtstrukturen entstanden. Allerdings berücksichtigen Menschen diese Entstehungsstrukturen und historischen (Dis-)Kontinuitäten von Gruppen im Alltag oft nicht, um den Sinn und Unsinn solcher Gruppenzugehörigkeiten zu hinterfragen. Im Gegenteil ist viel eher zu beobachten, dass Menschen soziale Gruppen „essenzialisieren". Das heißt, Menschen erleben soziale Gruppen häufig als quasi „natürlich" und inhärent verschieden. Sie meinen, im Erscheinungsbild von verschiedenen Gruppen einen sichtbaren Ausdruck einer zugrundeliegenden Eigenschaft (einer Essenz) zu erkennen, welche sich in verschiedenen Gruppen unterschiedlich auswirkt. Es erscheint zum Beispiel „natürlich" zu sein, dass „die Deutschen" als pünktlich, „die Italiener" als gefühlvoll und „die Engländer" als höflich gelten. Rothbart und Taylor (1992) konnten zeigen, dass Menschen unterschiedliche Gruppen von Menschen, wie etwa Italiener und Deutsche, in ihrer „Essenz" ebenso unterschiedlich ansahen wie Fische und Vögel. Dies erscheint jedoch recht widersinnig, da die Unterteilung in Nationalstaaten wie Deutschland, Italien und England ein geschichtlich gesehen erst seit kurzer Zeit stattfindender Prozess ist und die augenscheinlichen Ähnlichkeiten einer Gruppe (z. B. eine gemeinsame Sprache) das Produkt historisch jüngerer gesellschaftlicher Anstrengungen und Zwangssystemen (z. B. Schule, Krieg und Vertreibung) darstellen. Während Vögel und Fische sich in Jahrmillionen genetisch auseinanderentwickelten, kann dies über Franzosen und Deutsche wohl nur schwerlich behauptet werden.

Leyens et al. (2001) zeigten zudem, dass sich aus der Tendenz, verschiedenen Gruppen eine ihnen zugrunde liegende Essenz zuzuschreiben, erhebliche Konsequenzen ergeben. Denn Menschen neigen dazu, der eigenen Gruppe eine „menschlichere Essenz" zuzuschreiben als einer Fremdgruppe. Fremdgruppen werden umgekehrt also oft als „weniger menschlich" wahrgenommen. Diese Tendenz bezeichnen Leyens und Kolleg:innen als „Infrahumanisierung" (angelehnt an den Begriff der „Dehumanisierung").

Fragt man Deutsche, ob Italiener Menschen seien, werden dies alle Befragten mit sehr großer Wahrscheinlichkeit bejahen. Leyens und sein Forschungsteam gehen gleichwohl davon aus, dass Infrahumanisierung kein bewusster Prozess ist, die Zuschreibung einer weniger menschlichen Essenz also häufig eher unbewusst erfolgt. Dies zeigt sich beispielsweise indirekt, indem Fremdgruppen das Empfinden von komplexen, als typisch menschlich angesehenen Emotionen (sogenannten sekundären Emotionen wie Zärtlichkeit, Bewunderung, Desillusionierung oder Weltschmerz) abgesprochen wird (Leyens et al., 2001). Das Spannende ist, dass dieser Unterschied nur hinsichtlich der komplexeren sekundären Emotionen zu beobachten ist, während sich bei basalen primären Emotionen (wie Wut, Trauer oder Freude) keine Gruppenunterschiede zeigen. Es scheint also, dass Menschen sich die komplexeren, „menschlicheren" Emotionen für ihre eigene Gruppe vorbehalten und diese der Fremdgruppe weniger zutrauen. Letztlich stellen sie damit die Fremdgruppe, so Leyens und sein Team, als weniger menschlich dar.

Diese verzerrte Einschätzung hinsichtlich des Empfindens von sekundären Emotionen geht so weit, dass Fremdgruppenmitglieder negativer wahrgenommen werden, wenn sie gegenüber der Eigengruppe sekundäre Emotionen äußern, als wenn sie primäre Emotionen äußern. So werden Entschuldigungen von Fremdgruppenmitgliedern eher positiv aufgenommen, wenn sie primäre Emotionen beinhalten, und negativer, wenn sie sekundäre Emotionen ausdrücken (Wohl et al., 2012). Hypothetische Entschuldigungen von afghanischen Offizieren für einen tödlichen Unfall wurden zum Beispiel von kanadischen Staatsbürgerinnen und Staatsbürgern eher akzeptiert, wenn der afghanische Verteidigungsminister diesbezüglich Ärger und Trauer hervorbrachte, als wenn er dabei Gefühle von Scham und Trauer vortrug. Wenn hingegen ein Fehlverhalten innerhalb der eigenen Gruppe verschuldet worden war, machte es keinen Unterschied für die Akzeptanz von Entschuldigungen, ob diese mit primären oder sekundären Emotionen vorgetragen wurden.

Zusammenfassung
Vorurteile und Diskriminierung entstehen oft aus der sozialen Situation heraus, insbesondere wenn zwischen verschiedenen Gruppen Konflikte herrschen, seien es materielle oder symbolische Konflikte. Die Unterteilung in verschiedene Gruppen verändert unsere Wahrnehmung. Dabei neigen wir dazu, die Mitglieder einer Gruppe als einander ähnlicher wahrzunehmen (Intraklasseneffekt) und Mitglieder unterschiedlicher Gruppen als einander unähnlicher wahrzunehmen (Interklasseneffekt). Menschen haben die Tendenz, verschiedene Gruppenzugehörigkeiten als essentiell oder natürlich anzusehen und dabei historische und sozialen Bedingungen der Gruppenentstehungen zu übersehen. Zudem betrachten wir oft unsere eigene Gruppe als „menschlicher" im Vergleich zu Fremdgruppen (Infrahumanisierung), was sich beispielsweise in der Zuschreibung komplexerer, sekundärer Emotionen zeigt.

Wie organisieren wir uns? 6

Wenn Menschen in Gruppen zusammenkommen und gemeinsam Ziele verfolgen, müssen sie sich zwangsläufig irgendwie innerhalb dieser Gruppen organisieren. Eine der zentralen Mechanismen von Gruppenorganisation ist, dass einzelne Individuen das Geschehen in der Gruppe lenken, koordinieren oder leiten. In der psychologischen Forschung wird dann von *Führung* gesprochen. Entgegen seinem leicht negativen oder autoritären Klang meint Führung hierbei alle Prozesse, die eine absichtsvolle soziale Einflussnahme mit dem Ziel beinhalten, eine gemeinsame Aufgabe zu erfüllen, also beispielsweise das Verteilen von Aufgaben an andere und das Einbringen von Lösungsvorschlägen, bis hin zur Einnahme von formellen Führungspositionen, etwa in der Erwerbsarbeit.

Lange Zeit lag der Fokus der sozialpsychologischen Forschung auf den Charakteristika der besonderen Individuen, die sich als Führungspersonen eignen. Es war die allgemeine Forschungshaltung, dass diese Personen spezielle Charaktereigenschaften besitzen müssten, die sie für eine solche Position qualifizieren. Ein Ziel der damaligen psychologischen Forschung war es, herauszufinden, welche Eigenschaften dieses Führungscharisma ausmachen. Es gab also die Annahme, dass es so etwas wie eine Persönlichkeit gebe, die Menschen dafür prädestiniere, Führungsaufgaben zu übernehmen. Dieser Ansatz der Führungsforschung wird auch als „Great-man-Theorie" bezeichnet (man erkennt bereits am Titel, dass hier Frauen nicht wirklich mitgedacht wurden). Der empirischen Prüfung hält dieser Ansatz jedoch wenig stand. So fanden Judge et al. (2002) in einer Metaanalyse (welche die Ergebnisse von vielen anderen Studien zu einem Thema zusammenfasst) heraus, dass es zwar durchaus Zusammenhänge zwischen einigen Persönlichkeitseigenschaften und effektiver Führung gibt, sie ermittelten jedoch auch, dass diese Zusammenhänge eher schwach ausgeprägt sind und nicht einmal

10 % eines guten Führungsverhaltens erklären können. Gute Führung in Gruppen scheint zwar durch die Persönlichkeit der Führungsperson beeinflusst, aber nicht notwendigerweise dadurch bedingt zu sein. Es gibt darüber hinaus viele anderen Quellen und Einflussgrößen, welche bestimmen, ob eine Gruppe gute Führung erfährt oder nicht.

Ein alternativer Ansatz sieht gute Führung vor allem in der Unterscheidung verschiedener Arten von Führung und deren jeweiliger Passung zu situativen Bedürfnissen einer Gruppe. Eine klassische Studie von Lewin et al. (1939) untersuchte Führungsstile und deren Einfluss auf die Zufriedenheit und Effizienz in Arbeitsgruppen. Hierbei wurde zwischen autoritärer Führung (starke Abgrenzung zwischen Führungsperson und Mitgliedern der Gruppe, Orientierung an Regeln und Gehorsam), demokratischer Führung (Führungsperson als Beratung der Gruppe und Teil von dieser, wobei die Gruppe selbst bestimmen darf) und Laissez-faire-Führung (Führungsperson greift kaum ein, wenig Kontrolle, Gruppe regelt sich selbst oder auch nicht) unterschieden. Lange Zeit galt unter diesen drei Führungsstilen der demokratische Führungsstil als den anderen beiden hinsichtlich Zufriedenheit und der Effizienz in Arbeitsgruppen überlegen. Jedoch wurde mit zunehmender Forschung klar, dass dies nicht stets und unter allen Umständen richtig ist. So zeigte beispielsweise Fiedler (1971), dass effektive Führung vor allem darin besteht, anhand der situativen Gegebenheiten eine geschickte Auswahl zu treffen, welche Art von Führung in welcher Situation und in welchem Team angebracht ist. Offenbar ist es in einigen Situationen tatsächlich hilfreich, einen autoritären und aufgabenfokussierten Führungsstil zu zeigen, um Beispiel dann, wenn die Aufgaben einer Arbeitsgruppe entweder sehr einfach und gut strukturiert sind (z. B. 10.000 Briefumschläge falten) und die Führungsperson von der Gruppe gut akzeptiert wird. Aber auch im gegenteiligen Fall, wenn die Aufgaben der Gruppe sehr schwierig und wenig strukturiert sind (z. B. eine neue Online-Strategie für die Universität entwickeln), ist dieser Führungsstil angebracht. In Situationen mit mittlerer Schwierigkeit hingegen (z. B. Klärung, welche Computerprogramme zukünftig im Team verwendet werden sollen) scheint es erfolgversprechender zu sein, einen weniger autoritären, eher demokratischen Führungsstil zu wählen. Bei leichten und schwierigen Aufgaben geben autoritäre Führungspersonen Ziele vor, sie strukturieren und lenken die Gruppe und sorgen per Kontrolle dafür, dass jedes Gruppenmitglied sich engagiert und Leistung zeigt und sich nicht hinter der Gruppe versteckt. Bei mittlerer Schwierigkeit der Gruppenaufgaben benötigen die Gruppenmitglieder aber weniger Vorgaben und Kontrolle. Autoritäre Führung, die sehr stark überwacht, würde hier eher als bevormundend erlebt werden und könnte einengend und demotivierend wirken. Hier zahlt es sich für Führungspersonen aus, die Mitarbeitenden in die Entscheidungsprozesse einzubinden und deren Potenziale und individuelle Stärken zu nutzen.

Diese Forschungsbefunde lieferten erste Antworten auf die Frage, wie Führung effektiv gestaltet werden kann, klärten jedoch nicht die Frage, wie sich Personen überhaupt zu Führungspersonen in einer Gruppe entwickeln (besonders dann, wenn sie keine formale Führungsposition innehaben). Eine Theorie hierzu ist, dass Menschen sich in Gruppen jeweils wechselseitig eine Art „Kredit" einräumen, der umso größer ist, je mehr die einzelnen Mitglieder zur Leistung der Gruppe beigetragen haben und je loyaler sie zur Gruppe stehen (Hollander, 1980). Je mehr Kredit oder auch „vorteilhafte Reputation" eine Person mit der Zeit ansammelt, desto größeren Einfluss kann sie im weiteren Verlauf auf die Gruppe und ihre Mitglieder ausüben. Diese Annahmen können gut erklären, wieso neue Gruppenmitglieder mitunter Schwierigkeiten haben, in Gruppen anerkannt zu werden und ihren Ideen dort Gehör zu verschaffen, denn sie hätten dann schlichtweg noch nicht die Chance und Zeit gehabt, Reputation anzusammeln.

In Kap. 5 haben wir erfahren, dass die Kategorisierung von Menschen in soziale Gruppen durchaus beeinflussen kann, wie wir über diese Menschen denken und wie wir sie einschätzen. Tatsächlich beeinflussen soziale Kategorienzugehörigkeiten auch, welchen Gruppenmitgliedern wir sozialen Einfluss innerhalb von Gruppen zugestehen und welchen nicht. Der sogenannte Prototypikalitätsansatz (z. B. Haslam et al., 1995) geht davon aus, dass wir besonders die Personen, die wir für unsere Eigengruppe als prototypisch, also exemplarisch ansehen, als Führungspersonen akzeptieren. Für Prototypikalität ist dabei weniger wichtig, ob es sich tatsächlich um typische Personen handelt, also ob eine Person in ihren Eigenschaften wirklich dem Durchschnitt der Mitglieder der Eigengruppe entspricht. Vielmehr geht es darum, als wie prototypisch die entsprechenden Eigenschaften für die eigene Gruppe wahrgenommen werden. In gewissem Maße stellen prototypische Personen also die „Verkörperung" der Gruppe dar. Dies scheint ein Grund dafür zu sein, dass prototypische Gruppenmitglieder häufig als fairer (van Dijke & de Cremer, 2008), glaubhafter (Giessner & Knippenberg, 2008) oder gar charismatischer (Haslam et al., 2001) angesehen werden, also eher viele Eigenschaften zugesprochen bekommen, die mit guter Führung assoziiert werden. Bleibt die Frage: Wie schaffen es Menschen, zu besonders prototypischen Gruppenmitgliedern zu werden, um so sozialen Einfluss ausüben zu können? Diese Frage ist gar nicht so einfach zu beantworten, denn je nach Kontext unterscheidet sich, welche Eigenschaften für eine Gruppe als typisch angesehen werden. So mag die Gruppe der Deutschen im Vergleich zur Gruppe der Schweizer:innen eher als unpünktlich und lebhaft gelten, im Vergleich zur Gruppe der Italiener:innen jedoch pünktlich und introvertiert erscheinen. Je nach

Kontext, in dem sich eine Gruppe bewegt, können also unterschiedliche Personen als typisch für die eigene Gruppe angesehen werden, und so werden auch unterschiedliche Personen mehr oder weniger großen Einfluss auf die Gruppe ausüben können. Geschickte Führungspersonen machen sich diesen Umstand zunutze, indem sie gezielt Kontexte kreieren, die ihnen erlauben, sich als typisches Mitglied der eigenen Gruppe und die eigenen Handlungsvorgaben als natürlichen Teil der Identität der Gruppe darzustellen. So könnte beispielsweise ein eher konservativeres Mitglied einer sozialdemokratischen Partei die Gründung einer neuen, linken Partei als Gefahr heraufbeschwören und so die eigene konservative Position im Kontrast zu dieser linken Partei als repräsentativer für die Gruppe wirken lassen.

Haslam et al. (2015) sehen Führungspersonen, die die Wahrnehmung der Eigengruppe so steuern, als Identitätsunternehmer („entrepreneurs of identity"), die darauf abzielen, die eigenen Anliegen als Teil der Gruppenidentität darzustellen. Beispielsweise erklärte Bundeskanzlerin Angela Merkel das deutsche Verhalten in der griechischen Staatsschuldenkrise 2008 mit dem Verweis auf „die schwäbische Hausfrau" und deren Verständnis eines Wirtschaftens, bei dem nicht mehr ausgegeben werden dürfe als eingenommen wird (https://www.nytimes.com/2010/05/04/business/global/04iht-euro.html). Mithilfe dieses Bildes stellte sie die Entscheidung, Griechenland keine weitere finanzielle Unterstützung bei der Schuldenkrise zukommen zu lassen, als typisch deutsche Identität dar. Ob die Deutschen wirklich wie prototypische schwäbische Hausfrauen denken, sei dahingestellt. Nach unseren vorherigen Erläuterungen sollten wir jedoch auch die Frage stellen, ob sich alle schwäbischen Hausfrauen denn in ihrem Wirtschaftsverständnis überhaupt ähnlich sind.

Doch nicht immer geht es uns Menschen in Gruppen darum, eine festgelegte Arbeitsaufgabe zu bewältigen, und nicht immer sehen wir unsere soziale Identität in der Zugehörigkeit zu solch definierten Arbeitsgruppen. Im Gegenteil gibt es auch weitaus breiter gefasste soziale Gruppen, die wir als Teil unserer Identität verstehen, etwa aufgrund unseres Aussehens, unseres Alters, unserer Geschlechteridentität, unserer Sprache, unserer Herkunft oder unserer Einstellungen. Auch in solchen größeren Kategorien und Gruppen organisieren wir uns und handeln koordiniert und mit gemeinsamen Zielen, was in der Sozialpsychologie als *Collective Action,* also kollektives Handeln bezeichnet wird. Dies kann sich beispielsweise in Form sozialer Bewegungen ausdrücken, in denen wir uns, für unsere soziale Gruppe einsetzen, etwa in Demonstrationen. Rein ökonomisch betrachtet ist ein solches Engagement für die eigene Gruppe recht rätselhaft, da Menschen hierfür Ressourcen (Zeit, Aufwand und Mittel) aufbringen müssen und im Gegenzug wenig Belohnung erwarten können: sozialer Wandel wird ja nicht immer erreicht und wenn, dann geht er sehr langsam vonstatten. Zudem ist unklar, wie notwendig das eigene Engagement für die gemeinschaftlichen Ziele überhaupt ist. Insgesamt scheint es auf den ersten Blick häufig nicht die beste Investitionsstrategie für das Individuum zu sein, sich für seine eigene Gruppe zu engagieren.

Tatsächlich können Menschen aber, losgelöst von einem sehr individuellen Kosten-Nutzen-Verständnis, unterschiedlichste Gründe entwickeln, sich für ihre soziale Gruppe einzusetzen. Zum einen können sie dadurch motiviert sein, dass jede einzelne Person ihrer Gruppe (also auch sie selbst) einen Vorteil davon hat, wenn die Gruppe kollektive Gruppenziele erreicht, zum Beispiel wenn Mitglieder einer Gewerkschaft mehr Gehalt oder mehr Rechte erkämpfen. Zweitens kann Engagement sich durchaus auch individuell auszahlen, etwa durch einen Gewerkschaftsposten, Ansehen und Anerkennung oder die Möglichkeit, bei einer Demonstration Freundinnen und Bekannte zu treffen. Drittens ziehen Menschen auch soziale Normen in Betracht, etwa indem sie überlegen, wie andere, für sie bedeutsame Menschen sie bewerten und welche Erwartungen diese an sie haben. Wir würden etwa durchaus überlegen, ob unser Partner bzw. unsere Partnerin es nicht auch gut fände, wenn man sich für Tierrechte engagierte, oder ob die eigene Mutter nicht erwarte, am Tag der Arbeit zu demonstrieren, egal welches Wetter herrscht (vgl. Klandermanns, 1984). Zuletzt motiviert Menschen auch häufig schlichtweg, dass sie sich mit ihrer eigenen Gruppe identifizieren, weshalb sie nicht nur Kosten und Nutzen für ihr Engagement abwägen, sondern als Teil der Gruppe für diese handeln wollen (Stürmer & Simon, 2004). Die gelebte und geteilte soziale Identität führt gewissermaßen dazu, dass Menschen gegenüber der Eigengruppe ein Gefühl der „inneren Verpflichtung" entwickeln (Stürmer et al., 2003).

Soziale Identitäten legen also nicht nur fest, wer wir sind, sondern sie motivieren uns auch zum (kollektiven) Handeln und bestimmen, durch wen und welche Gruppe wir uns in unserem Handeln leiten lassen. Dies ermöglicht es Gruppen, unabhängig von den individuellen Erwartungen der einzelnen Mitglieder zu handeln. Die Gruppenmitglieder fühlen sich qua ihrer Identität dazu aufgerufen, für ihre Gruppe zu handeln und sich für diese zu engagieren. Sie sind diese Gruppe.

Zusammenfassung
Gute Führung ist nicht ausschließlich durch die Persönlichkeit einer Person zu erklären; sie entsteht vielmehr aus der Interaktion mit den Geführten und der spezifischen Situation. Die Prototypikalität eines Gruppenmitglieds beeinflusst, ob es als Führungsperson akzeptiert wird. Führungskräfte können die sozialen Identitäten der Gruppenmitglieder so beeinflussen, dass bestimmte Handlungen gerechtfertigt und

andere ausgeschlossen werden. Soziale Identitäten motivieren uns dazu, uns für kollektive Ziele einzusetzen, selbst wenn wir als Individuen nicht unbedingt davon profitieren.

Wer sind „die"? 7

Die Sozialpsychologie beschäftigt sich auch mit der allgemeinen Wahrnehmung von anderen Gruppen und fragt, in welcher Form wir Wissen über andere Gruppen repräsentieren und wie wir dieses verwenden, um mit Mitgliedern dieser Gruppen zu interagieren.

Tagtäglich navigieren wir durch unsere soziale Umwelt und sind darauf angewiesen, Menschen einschätzen zu können, über die wir keine oder wenigstens keine detaillierten Informationen haben. Wie bewerkstelligen wir dies? Eine Antwort auf diese Frage ist, dass wir die Zugehörigkeit unserer Mitmenschen zu sozialen Gruppen und Kategorien nutzen, um anhand von *Stereotypen* und *Vorurteilen* über die jeweilige Gruppe Informationen über deren Mitglieder abzuleiten.

Die Begriffe Stereotyp und Vorurteil werden umgangssprachlich gerne synonym verwendet. Die Sozialpsychologie unterscheidet jedoch zwischen ihnen. Ein Vorurteil ist demnach eine gruppenbasierte Bewertung, fasst also Mögen vs. Nichtmögen sowie die emotionalen Reaktionen gegenüber Gruppen zusammen und ist daher so etwas wie eine (zusammenfassende) Bewertung. Ein Stereotyp hingegen ist eine sozial geteilte kognitive Struktur, die unser Wissen, unsere Überzeugungen und Erwartungen in Bezug auf eine Gruppe enthält. Der folgende Witz kann illustrieren, was mit sozial geteilten Stereotypen gemeint ist: In Europa gibt es eine Party. Die Engländer stellen das Buffet, die Spanier achten darauf, dass die Nachbarn nicht durch die Lautstärke gestört werden, die Schotten übernehmen die Finanzierung, die Franzosen sorgen dafür, dass alle Englisch miteinander sprechen, und die Deutschen sind für die lockere Atmosphäre zuständig.

Dieser Witz „funktioniert" nur dann, wenn Ihnen die nationalen Stereotype bekannt sind und ihnen daher klar ist, dass die Nationen hier Aufgaben zugewiesen bekommen, die ihrem jeweiligen Stereotyp widersprechen. Als deutsche Autor:innen haben wir „unser" Stereotyp übrigens gerade bestätigt, denn einen Witz zu erzählen und diesen dann zu erklären, ist nicht wirklich ein Garant für eine lockere Atmosphäre.

Wichtig an diesen Definitionen ist, dass sich Stereotype und Vorurteile weder durch ihren relativen Wahrheits- oder Falschheitsgehalt auszeichnen noch zwingend negativ sein müssen (Degner, 2022). Auch positive und erwünschte Eigenschaftszuschreibungen können Teil von Stereotypen sein. Stereotype sind also für die betroffenen Personen nicht immer negativ.

Tajfel (1981) zufolge haben *Stereotype* drei Funktionen: Erstens erlauben sie eine positive Differenzierung von Eigen- und Fremdgruppe. Denn wenn ich weiß, wodurch sich die „andere" Gruppe auszeichnet, kann ich mich und meine eigene Gruppe von dieser positiv abgrenzen und sagen: „Wir sind anders/besser als die." Zweitens werden Stereotype als Kausalerklärung für beobachtbares Verhalten verwendet, zum Beispiel erkläre ich das Stereotyp ‚Busfahrer sind männlich' durch die Aussage: „Das liegt wahrscheinlich daran, dass Männer besser Auto fahren können als Frauen." Drittens ermöglichen Stereotype, soziale Gegebenheiten zu legitimieren, zum Beispiel: „Da Männer besser Auto fahren als Frauen, ist es auch sinnvoll, dass Busfahrer ein höheres Gehalt erhalten als Busfahrerinnen." Ob diese kausalen Schlüsse sinnvoll oder empirisch gerechtfertigt sind, steht auf einem anderen Blatt, im Alltag werden sie gleichwohl häufig als legitime Erklärungen für das Verhalten von anderen Menschen akzeptiert und meist nicht weiter hinterfragt.

Was die drei Stereotypfunktionen positive Differenzierung, kausale Erklärung und Legitimierung gemeinsam haben, ist, dass sie uns helfen, die Welt zu erklären, zu strukturieren und damit zu vereinfachen. Wir nutzen Stereotype also, um aus der Vielzahl an Informationen um uns herum Sinn zu erschließen, und häufig auch, um diesen zu vereinfachen. Um dies zu verdeutlichen, betrachten Sie bitte einmal folgendes Rätsel:

> Ein Vater fährt mit seinem Sohn im Auto. Sie haben einen schweren Unfall, bei dem der Vater sofort stirbt. Der Sohn wird mit schweren Kopfverletzungen in eine Spezialklinik eingeflogen. Die Operation wird von Dr. Schwarz, einer Koryphäe der Neurochirurgie, geleitet. Dr. Schwarz betritt den OP, wird plötzlich blass und sagt: „Ich kann nicht operieren, das ist mein Sohn!" Wie ist das möglich?

7 Wer sind „die"?

Selbstverständlich gibt es für dieses Rätsel unterschiedliche Lösungen. Eine ganz einfache Erklärung ist jedoch, dass es sich bei Dr. Schwarz um eine Frau, also die Mutter des Patienten handelt. Doch weniger als ein Drittel von Versuchspersonen kommen auf diese Idee (probieren Sie es gerne einmal bei Ihren Freunden oder Ihrer Familie aus). Erklären lässt sich dies dadurch, dass unsere stereotype Vorstellung von einer „Koryphäe der Neurochirurgie" ein Mann und keine Frau ist und wir versuchen, die Geschichte durch diese „Brille" zu verstehen. So lösen einige Menschen das Rätsel mit der Annahme, dass Dr. Schwarz ein zweiter Vater des Patienten, zum Beispiel in einer gleichgeschlechtlichen Ehe sein könnte (Belle et al., 2021; Morehouse et al., 2022).

Viele Studien belegen, dass Stereotype und Vorurteile eine wichtige Rolle spielen, wenn wir versuchen, das Verhalten anderer zu verstehen. In einer der ersten Studien dieser Art präsentierte Duncan (1976) weißen Studienteilnehmenden in den USA Videoaufnahmen einer Diskussion, in denen ein Mann einen anderen Mann an der Schulter schubst. Allerdings wurde den Versuchsteilnehmenden dieser Schubser einmal von einem schwarzen und einmal von einem weißen Schauspieler ausgeführt gezeigt. Aufgefordert, das Video nachzuerzählen, zeigte sich, dass sie Teilnehmenden diesen exakt gleich ausgeführten Schubser bei einem schwarzen Protagonisten häufiger als aggressives Verhalten interpretierten, wohingegen sie bei einem weißen Protagonisten eher annahmen, dass es sich um einen nicht ernst gemeinten Scherz handele. Erklären lassen sich diese Interpretationsunterschiede dadurch, dass schwarzen Männern in den USA generell stärker aggressive Tendenzen unterstellt werden als weißen Männern. Stereotype wirken wie subtile Erwartungen, die dafür sorgen, dass uneindeutiges Verhalten im Sinne der Erwartung interpretiert wird.

Neuere Forschungsarbeiten zeigen allerdings, dass wir Stereotype wahrscheinlich vor allem dann als Informationsquelle heranziehen, wenn wir sonst keine eindeutigen Informationen über unser Gegenüber zur Hand haben (Rubinstein et al., 2018). Würden Sie also beispielsweise einen „Luigi" treffen, der sich eindeutig introvertiert verhält, wäre es demnach eher unwahrscheinlich, dass Sie ihn trotzdem als wild gestikulierenden, extravertierten Italiener einschätzen. Das sind eigentlich gute Nachrichten, da Sie die Informationen über Luigi dann nicht verzerrt interpretieren würden. Doch sehr häufig ist unsere soziale Umwelt nun einmal nicht ganz eindeutig, und dies öffnet dann Tür und Tor für Stereotype, die unser Denken derart verzerren, dass wir die Welt nicht mehr so wahrnehmen, wie sie eigentlich ist.

Stereotype werden also meist sozial geteilt. Beim Lesen haben Sie beispielsweise mit hoher Wahrscheinlichkeit die Aussagen über Busfahrer, Schotten und

Deutsche problemlos verstanden und die über Luigi nicht als sinnloses Kauderwelsch abgetan, da Sie das Stereotyp des extravertierten Italieners kennen. Dieses kollektive Gedankengut scheint zusätzlich zu seiner allgemeinen Verbreitung jedoch spezifischen Gesetzmäßigkeiten zu unterliegen.

Hierzu entwickelten Fiske et al. (2002) das sogenannte *Stereotype Content Model*. Die Forschenden untersuchten, welche Arten von Stereotypen es eigentlich gibt, und gingen davon aus, dass Stereotype anhand der Dimensionen *Kompetenz* und *Wärme* angeordnet werden, deren Kombination unterschiedliche emotionale Reaktionen auslöst. Unter Kompetenz werden allgemeine Fähigkeiten und Fertigkeiten verstanden, die einer Gruppe zugerechnet werden. Unter Wärme wird verstanden, in welcher Beziehung diese Gruppe zur eigenen Gruppe stehend wahrgenommen wird (feindselig vs. freundschaftlich). Betrachten wir nun beispielsweise Gruppen, denen laut den Studien von Fiske et al. wenig Wärme und wenig Kompetenz zugeschrieben werden, so aktivieren deren Stereotype häufiger das Gefühl von Verachtung bei den Menschen, die über diese Gruppen nachdenken. Dies betrifft beispielsweise obdachlose Menschen, aber auch andere Gruppen wie arbeitslose oder geflüchtete Menschen. Wenn wir einer Gruppe hingegen eine hohe Kompetenz und wenig Wärme zuschreiben, wie etwa Investmentbankern, aktivieren die auf diese bezogenen Stereotype eher Gefühle wie Neid. Gruppen, denen lediglich viel Wärme, jedoch keine Kompetenzen zugesprochen würden, wie etwa ältere Menschen oder Hausfrauen, sind im Bereich der „paternalistischen Stereotype" einzuordnen, sie aktivieren vor allem Geringschätzung und Mitleid. Gruppen, denen wir uns selbst zugehörig fühlen, wird schlussendlich in der Regel sowohl Wärme als auch Kompetenz zugeschrieben, was mit Bewunderung einhergeht. Das impliziert auch, dass die relative Position der Gruppen in diesem Schma davon abhängt, welchen Gruppen wir uns selbst zugehörig fühlen.

Eine spannende Frage stellt sich nun bei Stereotypen gegenüber Gruppen, denen entweder Kompetenz aber keine Wärme (beispielsweise Investmentbankern) oder Wärme aber keine Kompetenz zugesprochen wird (beispielsweise Hausfrauen), deren Stereotype also ambivalent sowohl positiv als auch negativ sind. Können diese Dimensionen sich gewissermaßen „aufwiegen", kann eine mangelnde Kompetenz also durch vorhandene Wärme ausgeglichen werden und können die Betroffenen somit insgesamt doch positiv wirken, zum Beispiel in dem sie den wahrgenommenen Mangel in der einen Dimension durch eine besondere Stärke auf der anderen Dimension zum Positiven wenden? Forschungsbefunde weisen darauf hin, dass es im Gegenteil besonders schwierig ist, solchen gemischten Stereotypen zu widersprechen. Werden beispielsweise alten Menschen für ihre Warmherzigkeit gelobt während man ihnen gleichzeitig

Kompetenzen abspricht, dann kann es mitunter schwer fallen, die eigene Kompetenz zu beweisen als wenn ihnen gegenüber nur negative Stereotype geäußert würden. Der Bericht einer Teilzeitstudentin kann diese Problematik eindrücklich illustrieren. Diese war beruflich sehr erfolgreich im Erdölbereich tätig, ihr männlicher Vorgesetzter erlaubte ihr trotz ihrer Fähigkeiten jedoch keine Reisen in den „arabischen" Teil der Welt und begründete dies damit, sie vor potenzieller Diskriminierung dort schützen zu wollen (es stellt auch eine stereotype Sicht auf die arabische Welt dar, zu behaupten, dass dort Frauen stärker diskriminiert werden als an anderen Orten der Welt). Sich gegen dieses „freundliche Angebot" aufzulehnen und die eigenen Kompetenzen sowie die damit verbundenen Rechte und Pflichten einzufordern, fiel ihr viel schwerer, als wenn ihr Vorgesetzter sie offen diskriminiert hätte, da er ja nur „das Beste" für sie im Sinn hatte. Zudem kann es sein, dass Menschen für kontrastereotypes Verhalten quasi „bestraft", also besonders negativ wahrgenommen werden. So wird Frauen, die hohe Kompetenz in kompetente männlich gelesenen Domänen aufweisen, oft die stereotyp zugewiesene weibliche Wärme abgesprochen, sie werden dann leicht als kaltherzig oder zickig beurteilt, eine Beurteilung, mit der sich kompetente männliche Kollegen nicht herumschlagen müssen.

Stereotype sind also kognitive Strukturen, die sozial geteiltes Wissen über Gruppen beinhalten (z. B. ob diese warm und/oder kompetent sind) und damit unsere Interpretation der sozialen Umwelt vereinfachen. Ein *Vorurteil* unterscheidet sich vom sozial geteilten Stereotyp, da es zusätzlich eine individuelle, gefühlsmäßige Bewertung enthält. Diese Bewertung ist nicht zwangsläufig sozial geteilt, kann also bei unterschiedlichen Menschen ganz verschieden ausfallen. Das heißt, Sie und Ihre Mitmenschen können sehr wohl kollektiv um das Bild vom stereotypen Italiener wissen. Wie Sie diesen „Italiener" jedoch empfinden, also welches Vorurteil Sie dazu ausbilden, unterscheidet sich individuell. Manche mögen „die Italiener" als persönliches Ideal begreifen, andere deren Lebensweise ablehnen. Dennoch gibt es häufig eindeutige gesellschaftliche Tendenzen, welche Gruppen eher positiv (z. B. eher privilegierte Gruppen wie Ärztinnen bzw. Ärzte) oder eher negativ angesehen werden (z. B. gesellschaftliche Minderheiten wie Menschen mit Migrationshintergrund aus bestimmten Regionen der Welt). In den letzten Jahren und Jahrzehnten lässt sich in vielen Ländern beobachten, dass offen berichtete Vorurteile gegenüber benachteiligten sozialen Gruppen geringer zu werden scheinen, wobei dies natürlich nicht ausschließt, dass sich dieser Trend wieder (zeitweise) umkehrt. So befragt beispielsweise die „Mitte-Studie" der Friedrich-Ebert-Stiftung seit 2006 alle zwei Jahre eine repräsentative Stichprobe von Personen mit deutscher Staatsbürgerschaft nach deren Einstellungen. Es zeigt sich, dass rassistische und fremdenfeindliche Aussagen nur bei einem geringen Anteil der Befragten Zustimmung erfahren. Diese Befragungen haben allerdings ein zentrales Manko, indem sie direkt und persönlich (oder telefonisch) nach Einstellungen fragen, die gesellschaftlich normativ besetzt sind. In der Sozialpsychologie spricht man hier von sozialer (Un-)Erwünschtheit, wenn Menschen so antworten, wie sie meinen, dass dies von ihnen erwartet wird, nicht aber so, wie sie die Dinge tatsächlich selbst begreifen. Ob rassistische Vorurteile unter Deutschen tatsächlich so gering sind oder ob die Befragten aufgrund von stärkerer sozialer Erwünschtheit davon absehen, diese offen zu kommunizieren, lässt sich auf diese Weise nur schwer bestimmen. Eine Methode, um Vorurteile weniger durch soziale Erwünschtheit verzerrt zu erfassen, wäre der Einsatz subtilerer Fragen. So würden vermutlich viele deutsche Menschen von sich behaupten, keine Vorurteile gegenüber türkischstämmigen Personen zu hegen. Eventuell wären aber weniger Deutsche bereit, sich auf ein Date mit einer türkischen Person einzulassen (z. B. Fismann et al., 2008). Nach dem Suchen oder Ablehnen von persönlicher Nähe, wie bei einem Date, zu fragen, wäre in diesem Fall eine indirektere Art der Messung von Vorurteilen.

Doch Vorurteile können selbst dann ihre Wirkung entfalten, wenn wir dies nicht beabsichtigen und vielleicht nicht einmal bemerken. Haben Sie sich schon einmal dabei ertappt, dass Sie sich in der Bahn lieber nicht neben bestimmte Menschen setzen wollten (z. B. Angehörige von Minderheiten)? In der Literatur ist dann häufig von *impliziten Vorurteilen* die Rede, was bedeutet, dass Menschen gegenüber unterschiedlichen sozialen Gruppen spontane, schwieriger kontrollierbare und nicht absichtsvolle Präferenzen oder Abneigungen hegen. Es wird davon ausgegangen, dass jeder Mensch solche Ablehnungen oder Präferenzen gegenüber Mitgliedern von Fremdgruppen hegt und diese unser Denken und Handeln beeinflussen können, ohne dass wir dies bemerken (Degner, 2022). Eine niederländische Studie von Dotsch et al. (2008) untersuchte beispielsweise Menschen, die stärkere implizite Vorurteile gegenüber jungen Männern marokkanischer Abstammung, im Vergleich zu Menschen, die diese weniger aufwiesen. Sie fanden heraus, dass die Teilnehmenden mit stärkeren impliziten Vorurteilen diese Gruppe auch als krimineller und weniger vertrauenswürdig einschätzten. Eine andere Studie von Hugenberg und Bodenhausen (2003) in den USA zeigte, dass Versuchspersonen, die stärkere Vorurteilen gegenüber Schwarzen Menschen im Vergleich zu weißen Menschen zeigten, Schwarze Gesichter mit mehrdeutigem Gesichtsausdruck eher als aggressiv interpretierten. Ähnlich wie sozial geteilte Stereotype können also auch Vorurteile beeinflussen, was wir in unserer sozialen Umwelt erwarten und wie wir sie im Einklang mit unseren Vorurteilen interpretieren und erleben.

Dies kann entscheidende Konsequenzen haben, wie eine Studie von Correll et al. (2002) eindrücklich illustriert. Hier spielten die Versuchsteilnehmenden am Computer das sogenannte „Police Officer's Dilemma", in welchem sie die Aufgabe hatten, möglichst schnell auf Zielpersonen, die eine Waffe oder ein harmloses Objekt in der Hand hielten, zu „schießen" oder „nicht zu schießen". Offenbar fiel es den Teilnehmenden schwerer, diese Aufgabe korrekt zu bewältigen, wenn die Zielperson nicht ihren Erwartungen entsprach. Sie reagierten langsamer und machten mehr Fehler, wenn eine weiße Zielperson eine Waffe hielt oder eine schwarze Zielperson ein harmloses Objekt in der Hand hatte. Wenngleich diese Ergebnisse nur aus einer kontrollierten Laborstudie stammen, zeigen sie doch, dass bereits kleine Unterschiede in unseren Erwartungen aufgrund von Vorurteilen und Stereotypen einen großen Unterschied für die Betroffenen machen können.

Zusammenfassung

Stereotype und Vorurteile beziehen sich auf Überzeugungen und Bewertungen von Mitgliedern sozialer Gruppen. Stereotype verstehen wir als sozial geteilte Konstrukte, die zur positiven Differenzierung zwischen Eigen- und Fremdgruppe genutzt werden, sowie zur sozialen Rechtfertigung und Erklärung sozialer Strukturen genutzt werden. Vorurteile beziehen sich auf Bewertungen und emotionale Reaktionen gegenüber Gruppen, die sozial geteilt sein können oder nicht. Stereotype und Vorurteile können fundamentale Einflüsse auf Wahrnehmung, Bewertung und Handlungen ausüben und damit Ausgangspunkt für Diskriminierungen bilden.

Was machen „wir" mit „denen"? 8

Wenn Gruppen von Menschen auf andere Menschengruppen treffen, sind viele Reaktionen vorstellbar. Wir wollen uns daher im Folgenden aus Sicht der Sozialpsychologie ansehen, wie Menschen ihr Verhalten aufgrund ihrer wahrgenommenen Gruppenmitgliedschaften ausrichten.

Es gibt bei Menschen allgemein die Tendenz, die eigene Gruppe gegenüber der Fremdgruppe zu bevorzugen. Dieses Phänomen wird als *Eigengruppenbevorzugung* („ingroup preference") bezeichnet und ist einer der robustesten Effekte in der Sozialpsychologie. Allzu häufig führt Eigengruppenbevorzugung ganz automatisch auch zu einer Fremdgruppenbenachteiligung. Ein spezieller Fall dieses Phänomens der Auf- und Abwertung zeigt sich in sogenannten „Abwärtswettläufen".

Dieses durchaus irrationale Verhalten zeigte ein Forschungsteam um Henry Tajfel bereits Anfang der 1970er Jahre (Tajfel et al., 1971). Sie untersuchten, ob allein die (nicht weiter bedeutungsvolle) Kategorisierung in ein minimales „wir" versus „die" bereits Einfluss auf das Verhalten haben kann. Dafür entwickelten sie das „minimale Gruppenparadigma". Dazu wurden Versuchspersonen in zwei arbiträre Gruppen eingeteilt; damals erfolgte dies anhand einer scheinbaren Präferenz (für Bilder der Maler Paul Klee vs. Wassily Kandinsky). Heutzutage kann dies in Experimenten, die ein minimales Paradigma nutzen wollen, jedoch auch basierend auf einer vermeintlichen Fähigkeit (Anzahl von Erbsen in einem Glas über- vs. unterschätzen) oder ganz offensichtlich per Zufall erfolgen. Minimal bezeichnet man diese Gruppen, weil sie ausschließlich aus dem Namen der Gruppe bestehen, die Versuchspersonen kennen weder die Mitglieder der eigenen noch die der anderen Gruppe. Auch gibt es es keinerlei Aussicht auf zukünftige Zusammenarbeit oder Kennenlernen. In der ursprünglichen Studie sollten die Versuchspersonen Punkte an andere Mitglieder aus ihrer Eigen- und der Fremdgruppe verteilen (sich selbst ausgeschlossen) und konnten dafür aus unterschiedlichen Punkteverteilungen wählen. Genauer gesagt konnten sie auswählen, ob die Verteilung der Punkte nach dem Schema des „maximalen Profits", der „maximalen Differenz" oder „fair" vorgenommen werden sollte. Ein maximaler Profit bedeutete, dass das bedachte Eigengruppenmitglied die meistmöglichen Punkte, aber auch das Fremdgruppenmitglied Punkte in nicht unerheblichem Maße erhielt, zum Beispiel 12 Punkte und 7 Punkte. Die maximale Differenz hingegen sorgte dafür, dass das Eigengruppenmitglied zwar deutlich mehr Punkte erhielt als das Fremdgruppenmitglied, die Anzahl der Punkte für die Eigengruppe jedoch trotzdem geringer war als beim maximalen Profit – zum Beispiel 10 Punkte und 4 Punkte. Eine „faire" Aufteilung bedeutete, wenig überraschend, dass beide Gruppenmitglieder gleich viele Punkte erhielten.

Es zeigt sich in solchen Studien üblicherweise, dass sich ein großer Anteil von Versuchspersonen für eine faire Verteilung der Punkte entscheidet. Viele entscheiden sich jedoch auch für die Strategie der maximalen Differenz, sogar häufiger als für die Strategie des maximalen Profits. Das heißt, Menschen waren damals und sind auch heutzutage noch bereit, den absoluten Profit der eigenen Gruppe zu verringern, wenn sie dafür im Vergleich besser als die andere Gruppe abschnitten bzw. -schneiden. Dies kann als ein prototypischer Abwärtswettlauf angesehen werden, in dem es nicht mehr um rational berechnete Ressourcen und deren Vermehrung geht, sondern nur mehr darum, besser als die anderen zu sein, koste es, was es wolle. Geraten Menschen bzw. Gruppen in Konflikte miteinander, nimmt die Tendenz zu, sich in Abwärtswettläufe zu begeben. In solchen Konfliktsituationen nehmen die Menschen dann zum Teil enorme Kosten und Mühen auf sich, nur um anderen Menschen zu schaden auch wenn sie diese Kosten und Mühen daran hindern, ein eigenes unbeschwertes Leben zu führen.

Als Beispiel für einen Abwärtswettlauf können Sie überlegen, wie wichtig Ihnen der Vergleich mit anderen Menschen ist. Um dies zu prüfen, stellen Sie sich eine Welt A und eine Welt B vor, in denen die Preise für Dienstleistungen und Waren genau gleich sind. In Welt A wird Ihnen ein Gehalt von 8000 € angeboten. Die restliche Gesellschaft hätte in dieser Welt A ein Durchschnittsgehalt von 5000 €. In Welt B hingegen könnten Sie 8500 € Gehalt bekommen, nun jedoch bei einem Durchschnittsgehalt von 9000 €. Als kühl rechnender Kopf sollten Sie eigentlich die Welt B wählen, also die Welt des maximalen Profits, denn in dieser würden Sie sich mehr Waren und Dienstleitungen mit ihrem Gehalt kaufen können als in der Welt A. Viele Menschen präferieren jedoch in der Tat die Welt A, also die Welt der maximalen Differenz. Sie verzichten auf den eigenen maximalen Vorteil, nur damit sie mehr haben als andere. Wie Tajfel et al. (1971)

feststellten, ist diese Präferenz, mehr als die anderen haben zu wollen, nicht nur für Individuen relevant, sondern auch für unsere Gruppenmitgliedschaften.

Doch ist es nicht nur der Vergleich zwischen Gruppen, der dazu führen kann, dass Menschen aufgrund ihrer Gruppenzugehörigkeiten unterschiedlich behandelt werden. Stellen Sie sich vor, Sie fahren mit dem Auto auf einer innerstädtischen Straße, womöglich um Freundinnen zu treffen. Dabei kann es vorkommen, dass Sie von einer Polizeistreife angehalten werden. Sie ärgern sich über die unbegründete und potenziell unfreundliche Kontrolle und darüber, dass Sie deswegen zu spät zu Ihrem Treffen kommen. Sie fragen sich, was Sie falsch gemacht haben. Womöglich ist Ihr Rücklicht kaputt oder Sie sind nicht regelkonform gefahren. In einem solchen Fall wäre eine Kontrolle sicherlich angebracht und auch gut zu rechtfertigen. Doch aktuelle sozialpsychologische Forschung zeigt, dass eine Verkehrskontrolle unter Umständen auch durch für Sie völlig unkontrollierbare Faktoren begünstigt werden kann, nämlich durch die Ihnen zugeschriebene soziale Kategorie. Wie wir in Kap. 5 und 7 gesehen haben, ist der Unterschied zwischen „uns" und „denen" ein folgenreicher. Kategorisieren wir andere Menschen als Mitglied einer Fremdgruppe, denken wir anders über sie und ordnen ihr Verhalten anders ein, als wenn sie zu unserer eigenen Gruppe gehören würden. Sehr wahrscheinlich leiten wir zudem Stereotype aus der sozialen Kategorie ab, die ebenfalls als eine Art Brille für unsere Wahrnehmung fungieren können. Besonders relevant werden diese Vorurteile und Stereotype dann, wenn wir uns auf deren Grundlage anderen Menschen gegenüber *verhalten* – in diesem Fall ist von *Diskriminierung* die Rede. Bezüglich Verkehrskontrollen zeigte sich etwa, dass dort, wo weiße US-Bürger:innen stärkere Vorurteile gegenüber schwarzen US-Bürger:innen hegen, disproportional häufiger Polizeikontrollen von schwarzen Autofahrer:innen durchgeführt wurden (Stelter et al., 2021). Die Kategorisierung in „Schwarz" und „Weiß" führt also zu einer systematischen Benachteiligung der einen und einer Bevorzugung der anderen Gruppe.

Aufgrund der potenziell schwerwiegenden Folgen von Diskriminierung war es schon immer eine der dringlichsten Fragen in der sozialpsychologischen Forschung, zu untersuchen, wie Stereotype und Vorurteile abgebaut werden können. Allport formulierte bereits 1954 die Kontakthypothese zum Abbau von Konflikten zwischen Gruppen. Er ging davon aus, dass Menschen, die häufiger Kontakt zu Menschen aus anderen Gruppen haben, weniger Vorurteile und Aggressionen gegenüber diesen Gruppen aufweisen. Tatsächlich zeigt eine Vielzahl von Studien (z. B. Pettigrew, 1998), dass sich Vorurteile und diskriminierendes Verhalten reduzieren, wenn wir Menschen aus anderen Gruppen kennenlernen. Es scheint also eine große Rolle für unsere Einstellungen zu spielen, wen wir überhaupt kennen. Eine Umfrage in den USA zeigte beispielsweise, dass Menschen, die im

Umkreis der Familie oder im Freundeskreis eine Person kannten, die schwul oder lesbisch war, mit mehr als der doppelten Wahrscheinlichkeit (55% statt 25%) die gleichgeschlechtliche Ehe befürworteten (Neidorf & Morin, 2007).

Kontakt zwischen Gruppen kann daher effektiv Vorurteile und Stereotype reduzieren, da wir zum einen dadurch Wissen und Kenntnisse über die andere Gruppe und deren Verhaltensweisen erwerben, was Ängste minimiert und Unsicherheiten abbaut. Zum anderen führt Kontakt zu anderen Gruppen dazu, dass wir uns selbst in diesem Kontakt beobachten und, gemäß der Selbstwahrnehmungstheorie, aus unserem Verhalten darauf schließen, dass wir offensichtlich keine negativen Haltungen gegenüber dieser Gruppe haben. Weiter sorgt Kontakt natürlich auch dafür, dass zwischenmenschliche Beziehungen aufgebaut werden. Menschen schließen Freundschaften miteinander und bilden dadurch neue Eigengruppen, inklusive der Mitglieder der ehemaligen Fremdgruppe.

Ein zusätzlicher positiver Prozess, der durch Kontakt zu Fremdgruppen ausgelöst wird, ist die „Deprovinzialisierung". Das heißt, dass wir erleben, wie unterschiedlich Menschen sind, und dadurch feststellen, dass unsere bisherigen Anschauungen, Werte und Normen nur eine unter vielen diversen und möglichen Sichtweisen auf die Welt darstellen. Dies wiederum fördert eine tolerante und aufgeschlossene Haltung gegenüber anderen Gruppen und deren Ansichten. Tatsächlich ist Kontakt mit Fremdgruppen ein starker Faktor, der Vorurteilen und Diskriminierung entgegensteht. In Deutschland und in England (Portice & Reicher, 2018) etwa werden auf nationaler Ebene politisch rechte Parteien eher in Regionen gewählt, in denen die wenigsten zugezogene Menschen aus verschiedenen Kulturen gibt. Was auf den ersten Blick absurd erscheint – nämlich dass sich gerade Personen in jenen Regionen gegen „Ausländer" aussprechen, die gar nicht so viele zugezogene Menschen aus verschiedenen Kulturen beherbergen – lässt sich mit dem fehlenden Kontakt zu Fremdgruppen erklären, weil vorhandene Ängste und Vorurteile nicht abgebaut werden können und auch keine Freundschaften über Gruppengrenzen hinweg aufgebaut werden können.

Bisher haben wir in diesem Kapitel eine eher negative Sicht auf den Menschen als Mitglied sozialer Gruppen vermittelt, ihn als ein Lebewesen dargestellt, das anderen eher feindselig gegenübersteht und nichts gönnen mag. Doch auch wenn diese Befunde zutreffend sind, ist dies sicherlich keine adäquate Charakterisierung des Menschen, denn sehr viele menschliche Interaktionen beruhen darauf, dass Menschen, bzw. Gruppen von Menschen, sich gegenseitig helfen, unterstützen und kooperieren. Tatsächlich sind die meisten Interaktionen zwischen Menschen eher positiver Natur. Gewalt, Feindseligkeiten, Diskriminierung und Aggressionen treten zwar durchaus auf, sind jedoch zum Glück keine alltäglichen Phänomene, sondern eher seltene Ereignisse angesichts der Vielzahl unserer alltäglichen Handlungen. Wie vielen Menschen gegenüber waren Sie heute aggressiv und mit wie vielen sind Sie friedlich U-Bahn gefahren? Haben Sie auf der Arbeit freundlich gegrüßt oder haben Sie gemeinsam mit anderen ruhig an der Supermarktkasse angestanden? Aus der bisherigen Darstellung von Intergruppenkonflikten, Stereotype, Vorurteilen, und der starken Tendenz zur Eigengruppenfavorisierung ergibt sich eine offene Frage: Wie lässt es sich erklären, dass Menschen anderen Menschen helfen, selbst wenn sie keine Gruppenmitgliedschaft teilen oder gar vollkommen Fremde sind?

Dies kann unterschiedliche Motive haben und, wenig überraschend, nicht alle sind selbstlos. So kann eine Person dadurch, dass sie Hilfe leistet, durchaus an Macht und Autonomie gewinnen (van Leeuwen & Täuber, 2010). Der schenkenden bzw. Hilfe gebenden Person wird dadurch im Vergleich zu der Person, welche Hilfe oder Geschenke annimmt, eine statushöhere Position zugeschrieben. Hilfe kann somit ein strategisches Mittel sein, um die eigene Statusposition abzusichern. Dieser Prozess lässt sich auch in Gruppenkontexten beobachten und geschieht nicht immer beabsichtigt. So haben wir in Kap. 5 gesehen, dass wir gegenüber Gruppen, denen wenig Kompetenz zugesprochen wird, „paternalistische Stereotype" hegen. Diese Stereotype können durch Hilfeverhalten verfestigt werden. Stellen Sie sich zur Verdeutlichung einmal vor, eine männliche Lehrkraft in einem naturwissenschaftlichen Fach würde nur Schülerinnen besonders viel Hilfe anbieten. Schnell könnte der Eindruck entstehen, dass die Schülerinnen diese Hilfe auch benötigen, und die Schülerinnen könnten diese „Notwendigkeit" dann auch in ihr Selbstkonzept integrieren. Selbst wenn es sich dabei um ein förderndes Angebot handeln sollte und keine bösen Absichten bestanden hätten, hätte die Hilfe für die Schülerinnen dann Stereotype und Statuspositionen der Geschlechter eher verfestigt als aufgehoben.

Ein weiterer Grund, warum Gruppen anderen Gruppen helfen, ist, dass dies mit positivem Ansehen für die eigene Gruppe verbunden ist, denn Schenken verbessert das Image. So zeigten sich beispielsweise Schotten, die an das Stereotyp des „geizigen Schotten" erinnert wurden, umso großzügiger beim Kauf von Wohltätigkeitslosen (Hopkins et al., 2007). Offenbar wollten sie dem negativen Stereotyp des „geizigen Schotten" aktiv entgegenwirken. Dieses Motiv kommt sicherlich auch zahlreichen Spendengalas und ähnlichen Veranstaltungen zugute, denn die sich dort als großzügig darstellenden Menschen werden in der Regel mit einem positiven Ansehen bedacht und verbessern durch ihre Gaben potenziell den Eindruck, den andere Menschen von ihnen haben.

Ein weiteres mögliches Motiv des Gebens ist, dass es den Gebenden ein Gefühl von Sinnhaftigkeit im eigenen Leben erlaubt oder einen positiven Aspekt der eigenen Identität darstellen kann. So wurden in einer Studie niederländische Studierende befragt, welche Hilfsmaßnamen sie für die ehemalige indonesische Kolonie der Niederlande Banda Aceh befürworten würden. Zuvor war einem Teil der Studienteilnehmenden suggeriert worden, dass die niederländische Identität in einem zusammenwachsenden Europa zunehmend unterzugehen drohe. Alle Studierenden unterstützten im Allgemeinen die Hilfe für Banda Aceh. Die Gruppe, welche jedoch zuvor gelesen hatte, dass die niederländische Identität bedroht sei, wählte häufiger Unterstützungsmaßnahmen, die explizit mit der niederländischen Identität zusammenhingen, also explizit „niederländische Hilfsgaben" (z. B. einen Besuch der niederländischen Königin oder Hilfe beim Deichbau). Sie versuchten also, die eigene bedrohte Identität und deren besondere Bedeutung hervorzuheben, indem sie die Hilfsgabe als identitätsstiftende bzw. die Identität betonende Handlung nutzten (van Leuuwen, 2006).

Menschen helfen einander jedoch nicht nur wegen der Vorteile, die sie sich von diesem Verhalten versprechen. Tatsächlich helfen sie einander auch, weil sie sich in ihr Gegenüber einfühlen, also aufgrund von Empathie und Perspektivenübernahme. In Kap. 3 haben wir bei „Elaine" gesehen, dass Menschen für andere Empathie entwickeln, wenn sie diese als ähnlich zu sich wahrnehmen, und unabhängig von Kosten und Nutzen bereit sind, ihnen zu helfen. Ähnlich legen Stürmer und Snyder (2010) dar, dass Menschen vor allem gegenüber Eigengruppenmitgliedern oder Mitgliedern aus sehr ähnlichen Gruppen Empathie empfinden und daraus resultierend prosoziales Verhalten zeigen, und zwar unabhängig von den Kosten für die Hilfe. Menschen sind also durchaus motiviert, Gutes für andere Menschen und andere Gruppen zu tun, und sie tun dies nicht immer wegen der sich daraus ergebenden Vorteile für sich selbst.

Zusammenfassung
Menschen haben oft eine Neigung, ihre eigene Gruppe gegenüber Fremdgruppen zu bevorzugen, selbst, wenn es sich um minimale, bedeutungslose Gruppenzugehörigkeiten handelt. Dies dient dazu, eine positive Abgrenzung zu schaffen. Der direkte Kontakt zu Mitgliedern anderer Gruppen wird oft als wirksames Mittel angesehen, um Vorurteile, Stereotype und Konflikte zwischen Gruppen zu verringern. Trotz der starken Neigung zur Eigengruppenpräferenz zeigen Menschen und Gruppen auch Bereitschaft zur Zusammenarbeit und gegenseitigen Hilfe. Es ist jedoch wichtig anzumerken, dass die Motive für solche Hilfsbereitschaft nicht immer rein altruistisch sind; oft können die Gebenden und ihre Gruppen davon profitieren, sei es durch den Erhalt von Macht, Bedeutung oder einem positiven Image.

Wir retten die Welt mit allen gemeinsam

9

Im letzten Abschnitt dieses Buches betrachten wir, wie Menschen als Gruppe mit ihrer Umwelt und ihren Ressourcen umgehen und ob Menschen als gesamte Menschheit zumindest theoretisch fähig wären, globale Aufgaben gemeinsam zu bewältigen. Wie begegnen wir als Menschen großen Krisen, die wir wahrnehmen und gemeinsam lösen könnten, und welchen Beitrag kann die Sozialpsychologie hierzu leisten?

Betrachten wir dafür zunächst genauer, welche Ereignisse von Menschen als Gefahr bzw. Krisen eingeschätzt werden. Wenn wir im Alltag mit Nachrichten konfrontiert sind, erfahren wir von Katastrophen, Unglücken, politischem Versagen und Ähnlichem. Es wirkt oft so, als ob es kaum positive Nachrichten gebe. Anhand der Berichte über die Arbeitslosenquote in Deutschland von 2001 bis 2010 lässt sich diese negative Sicht, welche in den Medien zu beobachten ist, gut illustrieren. So zeigte Garz (2014), dass negative Entwicklungen dieser Quote nicht nur häufiger, sondern auch prominenter in den Medien gemeldet wurden als positive, die es im gleichen Zeitraum durchaus gab. Wir erfahren also öfter, wenn sich etwas verschlimmert, und seltener, wenn es sich verbessert. Eine Begründung, warum Medien vermehrt negative Nachrichten zeigen, könnte sein, dass solche Ereignisse einfach mehr Interesse wecken und unsere Aufmerksamkeit anziehen, sie haben also „Nachrichtenwert". Ein Terroranschlag etwa produziert sehr intensive und verstörende Bilder und ist als Ereignis relevant. Jedoch ist bei Berichten über Terroranschläge, Naturkatastrophen etc. zu berücksichtigen, dass diese nichts Alltägliches sind, ebenso wenig wie Heuschreckenschwärme oder andere in den Nachrichten gezeigte Katastrophen. Diese sind bezogen auf das Individuum eher unwahrscheinlich. Betrachten wir einmal genauer den Terrorismus und seine Opfer. Im Jahr 2022 beispielsweise starben weltweit insgesamt 23.693 Menschen durch Terrorismus (Statista, 2023). Hiervon vereinen die Länder Burkina Faso, Mali, Somalia, Pakistan, Afghanistan, Syrien, Myanmar, Nigeria, Niger und Irak circa 85 % der Todesfälle (Statista, 2023). Setzt man das in konkrete Todesopfer um, dann sind im Rest der Welt um die 3.554 Menschen Opfer von terroristischer Gewalt geworden. Dies wirkt viel, doch wenn allein in Deutschland im Jahr 2021 31.592 Menschen durch Unfälle verstarben oder 9.215 Menschen durch Suizid (Destatis, 2023), so wird klar, dass Terrorismus zumindest in Deutschland kein alltägliches Risiko darstellt. Zynisch gesprochen, ist das Risiko für deutsche Bürgerinnen und Bürger, durch sich selbst zu sterben, um ein Vielfaches höher, als durch einen Terroranschlag umzukommen. Wenn, dann sollten Menschen in Deutschland, wieder zynisch gesprochen, also eher Angst vor sich selbst haben als vor Terrorismus. Es ist – rein statistisch gesehen – letztlich kaum zu begründen, in Deutschland Angst vor Terrorismus zu haben. Dennoch ist Terrorismus ein wiederkehrendes Thema in deutschen Medien und politischen Entscheidungsprozessen. Nicht nur das; insgesamt werden in den Medien an prominenter Stelle vor allem negative Ereignisse besprochen. Doch betrachtet man die faktische Auftretenshäufigkeit dieser Ereignisse, ist ein solch negativer Ausschnitt als Abbild der Ereignisse eines Tages eigentlich kaum zu rechtfertigen. Es ist einfach nur nicht sehr spektakulär, darüber zu berichten, dass heute wieder Millionen von Menschen friedlich miteinander koexistierten, gemeinsam arbeiteten, Dinge lernten, sich gegenseitig halfen, ausreichend zu essen hatten, Freunde trafen, lachten und individuell bedeutsame Erinnerungen schufen. Vor den Millionen von positiven Ereignissen eines jeden Tages, über die niemals berichtet wird, verblasst die einzelne Schreckensnachricht über eine einzelne fruchtbare Tat einer einzelnen oder weniger Personen.

Betrachtet man das große Ganze, so ist in der Entwicklung der Menschheit eine positive Tendenz sehr klar zu erkennen. So ist festzustellen, dass es zum einen immer mehr Menschen auf der Welt gibt und dass sich gleichzeitig das Leben vieler Menschen in fast allen wesentlichen Parametern stetig verbessert. So nimmt etwa die Kindersterblichkeit weltweit ab, Menschen leben immer länger, immer weniger Menschen müssen im Alltag Hunger erleiden, immer mehr Kinder können wichtige Fähigkeiten wie Lesen, Schreiben und Rechnen erlernen. Auch die relative Anzahl von Menschen, die nach den UN-Kriterien als arm angesehen werden müssen, reduziert sich immer weiter, und ebenso nimmt der prozentuale Anteil von Gewalttoten jedes Jahr ab. Hans Rosling hat diese und ähnlich positiv stimmende Daten, zum Beispiel zu den Sterberaten von Babys, die kontinuierlich weltweit zurückgehen, in seinem Buch „Factfulness" (2021) zusammengetragen. Keinesfalls sollen diese positiven Zahlen das Leid von Menschen bagatellisieren,

9 Wir retten die Welt mit allen gemeinsam

welches immer noch genügend auf der Welt vorhanden ist. 4,2 Mio. tote Babys im Jahr 2016 sind ganz klar ein unsägliches Leid. Verglichen mit 14,4 Mio. toten Babys im Jahr 1950 (Rosling, 2021) ist diese Zahl jedoch deutlich geringer, vor allem in Anbetracht dessen, dass heute weltweit viel mehr Babys geboren werden als 1950. Solche positiven Tendenzen und Entwicklungen legen nahe, dass Menschen in der Regel positiv miteinander interagieren und dass sich über die Zeit gesehen weltweit kontinuierlich fundamentale Verbesserungen für die meisten Menschen ergeben.

Trotz dieser positiven Entwicklung steht die Menschheit zunehmend vor immer größeren, komplexeren globalen Herausforderungen. So bringt beispielsweise der Klimawandel für viele Menschen zunehmend extrem negative Konsequenzen mit sich (steigende Meeresspiegel, häufigere Extremwetter, mehr Konflikte um knapper werdende Ressourcen etc.). Der vom Menschen verursachte Ausstoß von CO_2 wird dafür als eine Hauptursache angesehen. Eigentlich müssten die Menschen also „nur" darauf verzichten, weiter CO_2 auszustoßen. Diese so naheliegende Lösung des Problems lässt sich jedoch erstaunlich schwer umsetzen. Der Grund dafür ist, was wir als „soziales Dilemma" bezeichnen: wenn ein einzelner Mensch damit beginnt, kein CO_2 mehr zu verursachen, ist das für die Person selbst mit erheblichen Einschränkungen verbunden (z. B. kein Flug in den Urlaub, verringerter Fleischkonsum), es hat aber nur recht geringe oder gar keine Auswirkungen auf den Klimawandel – wenn nicht viele andere Menschen ebenso handeln. Der Klimawandel stellt eine spezielle Herausforderung dar, die nicht durch einzelne Individuen, auch nicht durch einzelne Nationalstaaten oder Kontinente gelöst werden kann, sondern nur durch konzentrierte, weltumspannende, gemeinsame Handlungen. Für das Individuum ergibt sich daher ein Dilemma: Warum soll es selbst Einschränkungen im eigenen Leben vornehmen, wenn dies global gesehen kaum etwas bewirkt und man nicht sicher sein kann, dass die anderen Menschen sich genauso zurücknehmen?

Als Individuum bin ich in der unsicheren Position, nicht zu wissen, ob ich darauf vertrauen kann, dass auch andere Individuen sich so wie ich verhalten werden. Dies ist für mich problematisch, da die Effektivität meines Verzichts vom Handeln anderer Menschen abhängt, mein Verzicht aber vor allem zu meinen Lasten geht und letztlich auch nichts bringt, wenn die anderen nicht ebenso handeln wie ich.

Eine sehr bekannte, vereinfachte Version dieses Dilemmas in Bezug auf CO_2-Emissionen, bei dem die Wirksamkeit des eigenen Handelns vom Handeln nur einer anderer Personen abhängt, wird in der Wissenschaft benutzt, um genau solche Entscheidungsprozesse bei Menschen zu untersuchen. Im sogenannten Gefangenen-Dilemma stellen sich Menschen vor, dass sie mit einem Komplizen in ein Verbrechen verwickelt sind. Sie werden von der Polizei aufgegriffen und in getrennte Verhörräume gebracht. Beiden wird nun ein vermindertes Strafmaß angeboten (0 anstatt 3 Jahre), wenn sie die andere Person im Gegenzug verraten. Beide Gefangenen wissen jedoch auch, dass sie, wenn sie gemeinsam schweigen, jeweils aufgrund von mangelnden Beweisen nur ein Jahr ins Gefängnis müssten. Doch wenn sie sich gegenseitig verraten, erhalten beide die Höchststrafe von zwei Jahren.

Überlegen Sie nun einmal selbst, wie Sie in dieser Situation handeln würden. Vertrauen Sie (A) Ihrem Komplizen, dass dieser genau wie Sie schweigen wird? Wenn sie dies tun, würden sie jedoch das Risiko eingehen, eine Strafe von drei Jahren absitzen zu müssen, wenn Sie von ihm verraten würden. Gehen Sie also deswegen lieber Option (B) ein und sagen als Zeuge aus in der Hoffnung, als Belohnung für Ihren Verrat freizukommen, aber in dem Risiko, dass Sie zwei Jahre als Strafe absitzen müssen (weil Ihr Komplize die gleiche Entscheidung wie Sie getroffen hat)?

Das Spannende an diesem konstruierten Dilemma ist nun, dass das Verraten der anderen Person als „dominante Strategie" für das Individuum angesehen werden muss. Denn wenn Sie die andere Person verraten, kommen sie aus dem Gefängnis frei. Werden auch Sie von der anderen Person verraten, wäre es Ihrerseits doch schön doof gewesen, wenn Sie die andere Person nicht auch verraten hätten, denn dann hätten Sie nur zwei anstatt drei Jahre absitzen müssen. Gleichwohl ist diese dominante Strategie nicht im gemeinsamen Interesse von Ihnen und Ihrem Komplizen. Denn wenn Sie sich gemeinsam zum Schweigen entscheiden, müssen Sie in Summe die geringste Strafe aussitzen, nämlich beide nur ein Jahr (zusammen zwei) anstatt jeweils zwei (zusammen vier) oder einzeln drei Jahre. Letztlich geht es bei diesem Dilemma also darum, sich zu fragen: Kann ich der anderen Person vertrauen, um meine dominante Strategie aufzugeben und so das Beste für uns beide herauszuholen?

Übertragen auf gesamtgesellschaftliche Probleme, wie den individuellen Verzicht auf CO_2-Emissionen, werden solche Situationen wie das Gefangenen-Dilemma als „Tragödie eines Allgemeinguts" bezeichnet. Mit diesem Begriff werden allgemein Situationen beschriebenen, in denen Menschen in einer Dilemma-Situation sind und sich entscheiden müssen, ob sie sich zugunsten eines Allgemeinguts zurücknehmen, das heißt, ihre dominante egoistische Strategie aufgeben, um langfristig gemeinschaftlich von der eigenen Zurückhaltung und der der anderen Personen zu profitieren. Wenn sie dies tun, würden sie dadurch zwar selbst weniger von der allgemeinen Ressource profitieren, jedoch die gemeinsame Ressource schonen. Gleichzeitig riskieren Menschen jedoch durch den

Verzicht auf die Ressource, dass andere Menschen sich auf ihre Kosten bereichern. Der eigene Verzicht schont also nur dann die gemeinsame Ressource, wenn die anderen Menschen ebenso handeln. Tun sie dies nicht, geht die gemeinsame Ressource verloren und auch die Menschen, die sich nicht selbst daran bereichert haben, gehen leer aus. Sie sehen also die Parallelen zwischen dem Verhalten im Gefangenen-Dilemma und dem eigenen Verhalten hinsichtlich des Klimawandels.

Die Sozialpsychologie und auch die Wirtschaftswissenschaften beschäftigen sich schon lange mit solchen Situationen und untersuchen psychologische Mechanismen, die dabei helfen, solche Dilemma-Situationen und damit die Tragödie der Allgemeingüter zu lösen. So erklärten Eiser und Bhavnani (1974) ihren Versuchsteilnehmenden, dass das Gefangenen-Dilemma in der Vergangenheit angeblich dafür genutzt worden sei, um a) ökonomische Verhandlungen, b) internationale Verhandlungen oder c) zwischenmenschliches Verhalten zu untersuchen. Sie konnten zeigen, dass sich die Information über den Sinn und Zweck dieses Dilemmas erheblich auf die Entscheidungen der Versuchsteilnehmenden auswirkte und sie in der Zwischenmenschlichkeitsbedingung deutlich mehr Kooperation zeigten als in den anderen Bedingungen. Das heißt, der Kontext, in dem sich Menschen bewegen, ist mit entscheidend dafür, wie sie sich zu den Fakten bzw. Möglichkeiten in einer Entscheidungssituation verhalten.

In 2010 gewann Elinor Ostrom für potenzielle Lösungen in solchen Dilemma-Situationen einen Nobelpreis in Wirtschaftswissenschaften. Sie betonte die Bedeutung von Institutionen, gerade auf lokaler oder kommunaler Ebene, die die Nutzung einer Ressource kontrollieren und zum Teil genossenschaftlich organisieren. Psychologische Forschung zu diesem Thema beschäftigt sich wiederum weniger mit Institutionen, sondern eher damit, wie man Menschen dazu motivieren kann, sich gesellschaftlich verantwortungsvoll zu verhalten. Kramer und Brewer (1984) konnten zum Beispiel zeigen, dass ein starkes Zusammengehörigkeitsgefühl dafür sorgt, dass sich Menschen in Dilemma-Situationen zurückhaltender verhalten und mehr Verzicht zugunsten der Gruppe oder der gemeinsamen Ressource leisten. So schränkten Personen in einer Studie beispielsweise ihren Wasserverbrauch eher ein, wenn sie an die gemeinsame Identität ihres Stadtteils erinnert wurden (van Vugt, 2001). Diese Ergebnisse erinnern stark an die obigen Befunde, dass Menschen motiviert sind, sich für die eigene Gruppe zu engagieren, und zwar unabhängig davon, ob sie selbst davon profitieren.

Einige sozialpsychologische Studien haben versucht, diesen Gedanken auf die Lösung gesellschaftlicher Krisen zu übertragen. So zeigte sich beispielsweise, dass weiße US-Amerikaner:innen, die einen Zeitungsartikel über eine terroristische Bedrohung für alle US-Bürger:innen lasen, in der Folge weniger Vorurteile gegenüber Schwarzen äußerten – womöglich, weil sie sie in dieser Situation zu ihrer Eigengruppe zählten (Dovidio & Gärtner, 1999). Auch die in Kap. 5 besprochene Ferienlager-Studie konnte zeigen, dass verfeindete Gruppen mithilfe von Kooperation eine gemeinsame Identität entwickeln und so Vorurteile verringern konnten. Auf die globale Ebene übertragen, betonen daher viele Forschende, dass die Kooperation zwischen Nationen zentral ist, nicht nur um Feindseligkeiten zu verhindern, sondern auch um zukünftig gemeinsam große Probleme wie den Klimawandel als große Gemeinschaft angehen zu können.

Die Schwierigkeit beim Klimawandel ist, dass es beim Kampf gegen ihn nicht nur der Kooperation zwischen Mitgliedern einer kleinen Gruppe von Menschen oder einer überschaubaren Menge einzelner Nationen bedarf, sondern dass er von der gesamten Menschheit für die gesamte Menschheit angegangen werden muss. Direkt übertragen auf oben angestellten Überlegungen, bedeuten dies, dass wir am ehesten erfolgreich wären, wenn wir alle die gesamte Menschheit als unsere Eigengruppe betrachteten und somit bereit wären, für unsere Eigengruppenmitglieder ohne direkte Gegenleistung Entbehrungen in Kauf zu nehmen. Das Problem bei dieser Idee ist, dass die soziale Kategorie „Mensch" für die meisten im Alltag zu wenig Relevanz besitzt. Es lässt sich kaum ein Identitätsgefühl davon ableiten, denn von wem sollten wir uns damit abgrenzen: von Tieren oder unbekannten Außerirdischen?

Dennoch konnte Forschung zeigen, dass Menschen, die sich sehr stark mit der Kategorie der „Menschheit" identifizieren, in der Tat eher bereit sind, einen Beitrag für die Menschheit an sich zu leisten, zum Beispiel indem sie vermehrt fair gehandelte Produkte kauften (Reese & Kohlmann, 2015). Generell stellt eine starke Identifikation mit der Kategorie der Menschheit also eine Möglichkeit dar, auf psychologischer Ebene das Verhalten der Menschheit zu steuern und ein gemeinsames, harmonisches Zusammenleben auf der Welt zu fördern. Die Frage ist, wie wir Menschen uns diese geteilte Kategorie stärker bewusst machen können, sodass wir dann auch nach dieser handeln und nicht nur nach unseren Einzelinteressen.

Die Sozialpsychologie hat die Aufgabe, hier Wissen für Lösungsansätze zu generieren und auch zukünftigen Menschen auf diesem kleinen blauen Planeten als durchweg soziales Lebewesen friedlich zusammen zu leben.

Zusammenfassung
In konstruierten Dilemma-Situationen können wir das Entscheidungsverhalten von Menschen systematisch untersuchen und Mechanismen identifizieren, um mehr Kooperation zwischen ihnen zu fördern. Es zeigt sich vor allem, dass eine Identifikation mit der gesamten Menschheitsgruppe Menschen dazu motivieren kann, sich für andere zu engagieren.

Literatur

Adorno, T. W. (1950). Types and syndromes. In M. Horkheimer & S. H. Flowerman (Hrsg.), *The authoritarian personality* (S. 744–783). Harper & Brothers.
Adorno, T., Frenkel-Brenswik, E., Levinson, D. J., & Sanford, R. N. (2019). *The authoritarian personality*. Verso Books.
Allport, G. W., Clark, K. B., & Pettigrew, T. (1954). *The nature of prejudice*. Addison-Wesley.
Altman, I., & Taylor, D. A. (1973). *Social penetration: The development of interpersonal relationships*. Holt, Rinehart & Winston.
Anderson, C. A., Anderson, K. B., Dorr, N., DeNeve, K. M., & Flanagan, M. (2000). Temperature and aggression. In M. P. Zanna (Hrsg.), *Advances in experimental social psychology* (32 Aufl., S. 63–133). Academic Press. https://doi.org/10.1016/S0065-2601(00)800 04-0.
Aron, A., Melinat, E., Aron, E. N., Vallone, R. D., & Bator, R. J. (1997). The experimental generation of interpersonal closeness: A procedure and some preliminary findings. *Personality and Social Psychology Bulletin, 23*(4), 363–377. https://doi.org/10.1177/014616 7297234003
Asch, S. E. (1956). Studies of independence and conformity: I. A minority of one against a unanimous majority. *Psychological Monographs: General and Applied, 70*(9), 1–70. https://doi.org/10.1037/h0093718
Barnett, H. G. (1938). The nature of the potlatch. *American Anthropologist, 40*(3), 349–358. https://doi.org/10.1525/aa.1938.40.3.02a00010
Barth, M., Jugert, P., Wutzler, M., & Fritsche, I. (2015). Absolute moral standards and global identity as independent predictors of collective action against global injustice. *European Journal of Social Psychology, 45*(7), 918–930. https://doi.org/10.1002/ejsp.2160
Barth, M., & Stürmer, S. (2016). Comparison of the effects of individual and group-level perspective taking on intergroup reconciliation. *Social Psychology, 47*(6), 311–326. https://doi.org/10.1027/1864-9335/a000285
Batson, C. D., Duncan, B. D., Ackerman, P., Buckley, T., & Birch, K. (1981). Is empathic emotion a source of altruistic motivation? *Journal of Personality and Social Psychology, 40*(2), 290–302. https://doi.org/10.1037/0022-3514.40.2.290

Belle, D., Tartarilla, A. B., Wapman, M., Schlieber, M., & Mercurio, A. E. (2021). "I can't operate, that boy is my son!": Gender schemas and a classic riddle. *Sex Roles, 85,* 161–171. https://doi.org/10.1007/s11199-020-01211-4

Bem, D. J. (1972). Self-perception theory. In *Advances in experimental social psychology* (6. Aufl., S. 1–62). Academic Press. https://doi.org/10.1016/S0065-2601(08)60024-6

Bredekamp, H. (2020). *Thomas Hobbes – Der Leviathan: Das Urbild des modernen Staates und seine Gegenbilder. 1651–2001.* De Gruyter.

Byrne, D. (1997). An overview (and underview) of research and theory within the attraction paradigm. *Journal of Social and Personal Relationships, 14*(3), 417–431. https://doi.org/10.1177/0265407597143008

Byrne, D. (1971). *The attraction paradigm.* Academic.

Carlsmith, J. M., & Anderson, C. A. (1979). Ambient temperature and the occurrence of collective violence: A new analysis. *Journal of Personality and Social Psychology, 37*(3), 337–344. https://doi.org/10.1037/0022-3514.37.3.337

Clark, M. S., & Mils, J. (1993). The difference between communal and exchange relationships: What it is and is not. *Personality and Social Psychology Bulletin, 19*(6), 684–691. https://doi.org/10.1177/0146167293196003

Collins, N. L., & Miller, L. C. (1994). Self-disclosure and liking: A meta-analytic review. *Psychological Bulletin, 116*(3), 457–475. https://doi.org/10.1037/0033-2909.116.3.457

Collins, D. W., & Kimura, D. (1997). A large sex difference on a two-dimensional mental rotation task. *Behavioral Neuroscience, 111*(4), 845–849. https://doi.org/10.1037/0735-7044.111.4.845

Collom, E. (2011). Motivations and differential participation in a community currency system: The dynamics within a local social movement organization1. *Sociological Forum, 26,* 144–168. https://doi.org/10.1111/j.1573-7861.2010.01228.x

Cooley, C. H. (1902). Looking-glass self. In *The production of reality: Essays and readings on social interaction* (Aufl. 6, S. 126–128). Scribner's.

Correll, J., Park, B., Judd, C. M., & Wittenbrink, B. (2002). The police officer's dilemma: Using ethnicity to disambiguate potentially threatening individuals. *Journal of Personality and Social Psychology, 83*(6), 1314. https://doi.org/10.1037/0022-3514.83.6.1314

Cuddy, A. J. C., Rock, M. S., & Norton, M. I. (2007). Aid in the aftermath of hurricane Katrina: Inferences of secondary emotions and intergroup helping. *Group Processes & Intergroup Relations, 10*(1), 107–118. https://doi.org/10.1177/1368430207071344

Cunningham, J. A., Strassberg, D. S., & Haan, B. (1986). Effects of intimacy and sex-role congruency of self-disclosure. *Journal of Social and Clinical Psychology, 4*(4), 393–401. https://doi.org/10.1521/jscp.1986.4.4.393

Deci, E. L., Koestner, R., & Ryan, R. M. (1999). A meta-analytic review of experiments examining the effects of extrinsic rewards on intrinsic motivation. *Psychological Bulletin, 125*(6), 627–668. https://doi.org/10.1037/0033-2909.125.6.627

Deci, E. L., & Ryan, R. M. (1985). Conceptualizations of intrinsic motivation and self-determination. In E. L. Deci & R. M. Ryan (Hrsg.), *Intrinsic motivation and self-determination in human behavior perspectives in social psychology* (S. 11–40). Springer. https://doi.org/10.1007/978-1-4899-2271-7_2

Degner, J. (2022). *Vorurteile: Haben immer nur die anderen.* Springer.

Donnerstein, E., & Wilson, D. W. (1976). Effects of noise and perceived control on ongoing and subsequent aggressive behavior. *Journal of Personality and Social Psychology, 34*(5), 774–781. https://doi.org/10.1037/0022-3514.34.5.774

Dotsch, R., Wigboldus, D. H. J., Langner, O., & Knippenberg,. (2008). Ethnic out- group faces are biased in the prejudiced mind. *Association of Psychological science, 19*(10), 978–980. https://doi.org/10.1111/j.1467-9280.2008.02186.x

Dovidio, J. F., & Gärtner, S. L. (1999). Reducing prejudice: Combating intergroup biases. *Association for Psycologie Science, 8*(4), 101–105. https://doi.org/10.1111/1467-8721. 00024

Duncan, B. L. (1976). Differenzielle soziale Wahrnehmung und Zuschreibung von Gewalt zwischen Gruppen: Testen der unteren Grenzen der Stereotypisierung von Schwarzen. *Zeitschrift für Persönlichkeits- und Sozialpsychologie, 34*(4), 590–598. https://doi.org/10. 1037/0022-3514.34.4.590

Earp, B. D., & Trafimow, D. (2015) Replication, falsification, and the crisis of confidence in social psychology. *Frontiers in Psychology, 6*. https://doi.org/10.3389/fpsyg.2015.00621

Easterlin, R. A. (2003). Explaining happiness. *Proceedings of the National Academy of Sciences, 100*(19), 11176–11183. https://doi.org/10.1073/pnas.1633144100

Festinger, L., & Carlsmith, J. M. (1959). Cognitive consequences of forced compliance. *The Journal of Abnormal and Social Psychology, 58*(2), 203–210. https://doi.org/10.1037/h00 41593

Fiedler, F. E. (1971). Validation and extension of the contingency model of leadership effectiveness: A review of empirical findings. *Psychological Bulletin, 76*(2), 128–148. https://doi.org/10.1037/h0031454

Fischer, M. S., Hoßfeld, U., Krause, J., & Richter, S. (2019). *Jenaer Erklärung. Das Konzept der Rasse ist das Ergebnis von Rassismus und nicht dessen Voraussetzung.* https://www.uni-jena.de/unijenamedia/universitaet/abteilung-hochschulkom munikation/presse/jenaer-erklaerung/jenaer-erklaerung.pdf

Fiske, S. T., Cuddy, A. J. C., Glick, P., & Xu, J. (2002). A model of (often mixed) stereotype content: Competence and warmth respectively follow from perceived status and competition. *Journal of Personality and Social Psychology, 82*(6), 878–902. https://doi.org/10. 1037/0022-3514.82.6.878

Fisman, R., Iyengar, S. S., Kamenica, E., & Simonson, I. (2008). Racial preferences in dating. *The Review of Economic Studies, 75*(1), 117–132. https://doi.org/10.1111/j.1467-937X.2007.00465.x

Garz, M. (2014). Good news and bad news: Evidence of media bias in unemployment reports. *Public Choice, 161*, 499–515. https://doi.org/10.1007/s11127-014-0182-2

Giessner, S. R., & van Knippenberg, D. (2008). "License to fail": Goal definition, leader group prototypicality, and perceptions of leadership effectiveness after leader failure. *Organizational behavior and human Leppersion processes, 105*(1), 14–35. https://doi.org/10.1016/j.obhdp.2007.04.002

Glenn, N. D. (1998). The course of marital success and failure in five American 10-year marriage cohorts. *Journal of Marriage and the Family, 60*(3), 569–576. https://doi.org/10. 2307/353529

Gonsalkorale, K., & Williams, K. D. (2006). The KKK won't let me play: Ostracism even by a despised outgroup hurts. *European Journal of Social Psychology, 37*(6), 1176–1186. https://doi.org/10.1002/ejsp.392

Gonzaga, G. C., Keltner, D., Londahl, E. A., & Smith, M. D. (2001). Love and the commitment problem in romantic relations and friendship. *Journal of Personality and Social Psychology, 81*(2), 247–262. https://doi.org/10.1037/0022-3514.81.2.247

Haslam, S. A., Oakes, P. J., McGarty, C., Turner, J. C., & Onorato, R. S. (1995). Contextual changes in the prototypicality of extreme and moderate outgroup members. *European Journal of Social Psychology, 25*(5), 509–530. https://doi.org/10.1002/ejsp.2420250504

Haslam, S. A., Platow, M. J., Turner, J. C., Reynolds, K. J., McGarty, C., Oakes, P. J., Johnson, S., Ryan, M. K., & Veenstra, K. (2001). Social identity and the romance of leadership: The importance of being seen to be 'doing it for us'. *Group Processes & Intergroup Relations, 4*(3), 191–205. https://doi.org/10.1177/1368430201004003002

Haslam, S. A., Reicher, S. D., & Platow, M. J. (2015). Leadership: Theory and practice. In Mikulincer, P. R. Shaver, J. F. Dovidio, & J. A. Simpson (Hrsg.), *APA handbook of personality and social psychology, Vol. 2. Group processes* (S. 67–94). American Psychological Association. https://doi.org/10.1037/14342-003

Heitmeyer, W. (2005). Gruppenbezogene Menschenfeindlichkeit. Die theoretische Konzeption und empirische Ergebnisse aus 2002, 2003 und 2004. In W. Heitmeyer (Hrsg.), *Deutsche Zustände, Folge 3* (S. 13–34). Suhrkamp.

Hollander, E. P. (1980). Leadership and social exchange processes. In K. J. Gergen, M. S. Greenberg & R. H. Willis (Hrsg.), *Social exchange* (S. 103–118). Springer. https://doi.org/10.1007/978-1-4613-3087-5_5

Honderich, T. (Hrsg.). (2005). *The Oxford companion to philosophy*. Oxford University Press. https://doi.org/10.1093/acref/9780199264797.001.0001

Hopkins, N., Reicher, S., Harrison, K., Cassidy, C., Bull, R., & Levine, M. (2007). Helping to improve the group stereotype: On the strategic dimension of prosocial behavior. *Personality and Social Psychology Bulletin, 33*(6), 776–788. https://doi.org/10.1177/0146167207301023

Hugenberg, K., & Bodenhausen, G. V. (2003). Facing prejudice: Implicit prejudice and the perception of facial threat. *Association for Psychological Science, 14*(6), 640–643. https://doi.org/10.1046/j.0956-7976.2003.psci_1478.x

IEP. (2023). *Verteilung der Todesopfer durch Terroranschläge nach Ländern im Jahr 2022* [Graph]. In Statista. https://de.statista.com/statistik/daten/studie/378651/umfrage/verteilung-der-todesopfer-durch-terroranschlaege-nach-laendern/. Zugegriffen: 21 Juli 2023

Johnson, W., & Bouchard, T. J. (2007). Sex differences in mental abilities: G masks the dimensions on which they lie. *Intelligence, 35*(1), 23–39. https://doi.org/10.1016/j.intell.2006.03.012

Judge, T. A., Bono, J. E., Ilies, R., & Gerhardt, M. W. (2002). Personality and leadership: A qualitative and quantitative review. *Journal of Applied Psychology, 87*(4), 765–780. https://doi.org/10.1037/0021-9010.87.4.765

Kawachi, I., & Berkman, L. F. (2001). Social ties and mental health. *Journal of Urban Health, 78*(3), 458–467. https://doi.org/10.1093/jurban/78.3.458

Kenny, W., L. (1985). A Review of comparative responses of men and women to heat stress. *Environmental Research, 37*(1), 1–11. https://doi.org/10.1016/0013-9351(85)90044-1

Klandermans, B. (1984). Mobilization and participation: Social-psychological expansions of resource mobilization theory. *American Sociological Association, 49*(5), 583–600. https://doi.org/10.2307/2095417

Klandermans, B. (2004). The demand and supply of participation: Social-psychological correlates of participation in social movements. In D. A. Snow, S. Soule & H. Kriesi (Hrsg.) *The Blackwell companion to social movements* (S. 360–379). Blackwell Publishing. https://doi.org/10.1002/9780470999103.ch16

Kramer, R. M., & Brewer, M. B. (1984). Effects of group identity on resource use in a simulated commons dilemma. *Journal of Personality and Social Psychology, 46*(5), 1044–1057. https://doi.org/10.1037/0022-3514.46.5.1044

Kuhn, T. S. (1996). *Die Struktur wissenschaftlicher Revolutionen* (H. Vetter & K. Simon, Trans.; 13th ed.). Suhrkamp Verlag.

Kuzmics, H., Reicher, D., & Hughes, J. (2020). State, emotion, authority, and national habitus: state-related problems of our time and methodological discourses in sociology and historical sociology. *Historical Social Research, 45*(1), 7–41. https://doi.org/10.12759/hsr.45.2020.1.7-41

Lakatos, I. (1970). Falsification and the methodology of scientific research programmes. In I. Lakatos & A. Musgrave (Hrsg.), *Criticism and the growth of knowledge: Proceedings of the international colloquium in the philosophy of science, London, 1965* (Aufl. 4, S. 91–196). Cambridge University Press. https://doi.org/10.1017/CBO9781139171434.009

Lepper, M. R., Greene, D., & Nisbett, R. E. (1973). Undermining children's intrinsic interest with extrinsic reward: A test of the "overjustification" hypothesis. *Journal of Personality and Social Psychology, 28*(1), 129–137. https://doi.org/10.1037/h0035519

Lewin, K. (1963). *Feldtheorie in den Sozialwissenschaften*. Huber.

Lewin, K., Lippitt, R., & White, R. K. (1939). Patterns of aggressive behavior in experimentally created "social climates". *The Journal of Social Psychology, 10*(2), 269–299. https://doi.org/10.1080/00224545.1939.9713366

Leyens, J. P., Rodriguez-Perez, A., Rodriguez-Torres, R., Gaunt, R., Paladino, M. P., Vaes, J., & Demoulin, S. (2001). Psychological essentialism and the differential attribution of uniquely human emotions to ingroups and outgroups. *European Journal of Social Psychology, 31*(4), 395–411. https://doi.org/10.1002/ejsp.50

Luo, S., & Klohnen, E. C. (2005). Assortative mating and marital quality in newlyweds: A couple-centered approach. *Journal of Personality and Social Psychology, 88*(2), 304–326. https://doi.org/10.1037/0022-3514.88.2.304

Mackie, D. M., Devos, T., & Smith, E. R. (2000). Intergroup emotions: Explaining offensive action tendencies in an intergroup context. *Journal of Personality and Social Psychology, 79*(4), 602–616. https://doi.org/10.1037/0022-3514.79.4.602

Markus, H. (1978). The effect of mere presence on social facilitation: An unobtrusive test. *Journal of Experimental Social Psychology, 14*(4), 389–397. https://doi.org/10.1016/0022-1031(78)90034-3

Masuda, T., & Nisbett, R. E. (2001). Attending holistically versus analytically: Comparing the context sensitivity of Japanese and Americans. *Journal of Personality and Social Psychology, 81*(5), 922–934. https://doi.org/10.1037/0022-3514.81.5.922

Mead, G. H. (2015). *Mind, self, and society: The definitive edition*. University of Chicago Press.

Morehouse, K. N., Kurdi, B., Hakim, E., & Banaji, M. R. (2022). When a stereotype dumbfounds: Probing the nature of the surgeon= male belief. *Current Research in Ecological and Social Psychology, 3*, 100044. https://doi.org/10.1016/j.cresp.2022.100044

Morris, M. W., & Peng, K. (1994). Culture and cause: American and Chinese attributions for social and physical events. *Journal of Personality and Social Psychology, 67*(6), 949–971. https://doi.org/10.1037/0022-3514.67.6.949

Neidorf, S., & Morin, R. (2007). *Four in ten Americans have close friends or relatives who are gay,* Pew Research Center. http://pewresearch.org/pubs/485/friends-who-are-gay

Perry, G. (2013). *The lost boys: Inside Muzafer Sherif's Robbers cave experiment.* Scribe

Pettigrew, T. F. (1998). Intergroup contact theory. *Annual Review of Psychology, 49*(1), 65–85. https://doi.org/10.1146/annurev.psych.49.1.65

Pillay, L. (2014). *Investigating ingroup bias in an interactive minimal group environment.* https://researchspace.ukzn.ac.za/bitstream/handle/10413/10690/Pillay_Lavanya_2 014.pdf?sequence=1&isAllowed=y

Portice, J., & Reicher, S. (2018). Arguments for European disintegration: A mobilization analysis of anti-immigration speeches by U.K. Political Leaders. *Political Psychology, 39*(6), 1357–1372. https://doi.org/10.1111/pops.12551

Reese, G., & Kohlmann, F. (2015). Feeling global, acting ethically: Global identification and fairtrade consumption. *The Journal of Social Psychology, 155*(2), 98–106. https://doi.org/ 10.1080/00224545.2014.992850

Reese, G., Hamann, K. R. S., Menzel, C., & Drews, S. (2018). Soziale Identität und nachhaltiges Verhalten. In C. T. Schmitt & E. Bamberg (Hrsg.) *Psychologie und Nachhaltigkeit: Konzeptionelle Grundlagen, Anwendungsbeispiele und Zukunftsperspektiven* (S. 47–54). Springer Fachmedien. https://doi.org/10.1007/978-3-658-19965-4_4

Reicher, D. (2020). *Kulturnationalismus. Wir-Krise und Nationalstaat.* Nomos https://doi.org/10.5771/9783845289854

Reicher, S. D., & Haslam, S. A. (2017). The politics of hope: Donald Trump as an entrepreneur of identity. In M. Fitzduff (Hrsg.), *Why irrational politics appeals: Understanding the allure of Trump* (S. 25–40). Bloomsbury.

Ritov, I., & Baron, J. (1990). Reluctance to vaccinate: Omission bias and ambiguity. *Journal of Behavioral Decision Making, 3*(4), 263–277. https://doi.org/10.1002/bdm.3960030404

Rollins, B. C., & Cannon, K. L. (1974). Marital satisfaction over the family life cycle: A re-evaluation. *Journal of Marriage and Family, 36*(2), 271–282. https://doi.org/10.2307/351153

Rosling, H., Rönnlund, A. R., & Rösling, O. (2021). *Factfulness. Wie wir lernen, die Welt so zu sehen, wie sie wirklich ist.* Ullensteinverlag.

Rothbart, M., & Taylor, M. (1992). Category labels and social reality: Do we view social categories as natural kinds? In G. R. Semin & K. Fiedler (Hrsg.), *Language, interaction and social cognition* (S. 11–36). Sage.

Rubinstein, R. S., Jussim, L., & Stevens, S. T. (2018). Reliance on individuating information and stereotypes in implicit and explicit person perception. *Journal of Experimental Social Psychology, 75,* 54–70. https://doi.org/10.1016/j.jesp.2017.11.009

Rusbult, C. E. (1983). A longitudinal test of the investment model: The development (and deterioration) of satisfaction and commitment in heterosexual involvements. *Journal of Personality and Social Psychology, 45*(1), 101–117. https://doi.org/10.1037/0022-3514.45.1.101

Sanders, G. S., Baron, R. S., & Moore, D. L. (1978). Distraction and social comparison as mediators of social facilitation effects. *Journal of Experimental Social Psychology, 14*(3), 291–303. https://doi.org/10.1016/0022-1031(78)90017-3

Sherif, M. (1935). A study of some social factors in perception. *Archives of Psychology (Columbia University), 187*, 60.

Sherif, M., Harvey, O. J., White, B. J., Hood, W. R., & Sherif, C. W. (1961). *Intergroup conflict and cooperation: The Robbers Cave experiment.* University Book Exchange

Sherif, M., & Hovland, C. I. (1961). *Social judgment: Assimilation and contrast effects in communication and attitude change.* Yale University Press

Shrauger, J. S., & Schoeneman, T. J. (1979). Symbolic interactionist view of self-concept: Through the looking glass darkly. *Psychological Bulletin, 86*(3), 549–573. https://doi.org/10.1037/0033-2909.86.3.549

Simon, B. (1992). The perception of ingroup and outgroup homogeneity: Reintroducing the intergroup context. *European review of social psychology, 3*(1), 1–30. https://doi.org/10.1080/14792779243000005

Smith, E. R., & Mackie, D. M. (2015). Dynamics of group-based emotions: Insights from intergroup emotions theory. *Emotion Review, 7*(4), 349–354. https://doi.org/10.1177/1754073915590614

Stelter, M., Essien, I., Sander, C., & Degner, J. (2022). Racial bias in police traffic stops: white residents' county-level prejudice and stereotypes are related to disproportionate stopping of black drivers. *Psychological Science, 33*(4), 483–496. https://doi.org/10.1177/09567976211051272

Sternberg, R. J. (1986). A triangular theory of love. *Psychological Review, 93*(2), 119–135. https://doi.org/10.1037/0033-295X.93.2.119

Sternberg, R. J., & Barnes, M. L. (Hrsg.). (1988). *The psychology of love.* Yale University Press.

Stürmer, S., Benbow, A. E. F., Siem, B., Barth, M., Bodansky, A. N., & Lotz-Schmitt, K. (2013). Psychological foundations of xenophilia: The role of major personality traits in predicting favorable attitudes toward cross-cultural contact and exploration. *Journal of Personality and Social Psychology, 105*(5), 832–851. https://doi.org/10.1037/a0033488

Stürmer, S., & Simon, B. (2004). The role of collective identification in social movement participations: A panel study in the context of the German gay movement. *Personality and Social Psychology Bulletin, 30*(3), 263–277. https://doi.org/10.1177/0146167203256690

Stürmer, S., Simon, B., Loewy, M., & Jörger, H. (2003). The dual-pathway model of social movement participation: The case of the fat acceptance movement. *Social Psychology Quarterly, 66*(1), 71–82. https://doi.org/10.2307/3090142

Stürmer, S., & Snyder, M. (Hrsg.). (2009). *The psychology of prosocial behavior.* Blackwell Publishing. https://doi.org/10.1002/9781444307948

Tajfel, H. (1981). *Human groups and social categories: Studies in social psychology.* Cambridge University Press Archive.

Tajfel, H., Billig, M. G., Bundy, R. P., & Flament, C. (1971). Social categorization and intergroup behaviour. *European Journal of Social Psychology, 1*(2), 149–178. https://doi.org/10.1002/ejsp.2420010202

Tajfel, H., & Turner, J. C. (1985). The social identity theory of intergroup behavior. In S. Worchel & W. G. August (Hrsg.), *Psychology of intergroup relations* (2nd ed., S. 7–24). Nelson Hall.

Tajfel, H., & Wilkes, A. L. (1963). Classification and quantitative judgement. *British Journal of Psychology, 54*(2), 101–114. https://doi.org/10.1111/j.2044-8295.1963.tb00865.x

Tidwell, N. D., Eastwick, P. W., & Finkel. E. J. (2012). Perceived, not actual, similarity predicts initial attraction in a live romantic context: Evidence from the speed-dating paradigm. *Personal Relationships, 20*(2), 199–215. https://doi.org/10.1111/j.1475-6811. 2012.01405.x

Triplett, N. (1898). The dynamogenic factors in peacemaking and competition. *The American Journal of Psychology, 9*(4), 507–533. https://doi.org/10.2307/1412188

Turner, J. C. (2010). *Social categorization and the self-concept: A social cognitive theory of group behavior*. Psychology Press.

Turner, J. C., & Haslam, S. A. (2001). Social identity, organizations, and leadership. In M. E. Turner (Hrsg.), *Groups at work: Theory and research* (S. 25–65). Lawrence Erlbaum Associates Publishers.

Tversky, A., & Kahneman, D. (1981). The framing of decisions and the psychology of choice. *Science, 211*(4481), 453–458. https://doi.org/10.1126/science.7455683

US Department of State. (2022). Anzahl der getöteten Personen durch Terroranschläge weltweit von 2006 bis 2021 [Graph]. In *Statista*. Zugriff am 21. Juli 2023, von https://de.statista.com/statistik/daten/studie/380949/umfrage/getoetete-personen-durch-terroranschlaege-weltweit/. Zugriffen 21. Juli 2023.

Vaillant, C. O., & Vaillant, G. E. (1993). Is the U-curve of marital satisfaction an illusion? A 40-year study of marriage. *Journal of Marriage and the Family, 55*(1), 230–239. https://doi.org/10.2307/352971

van Dijke, M., & de Cremer, D. (2008). How leader prototypicality affects followers' status: The role of procedural fairness. *European Journal of Work and Organizational Psychology, 17*(2), 226–250. https://doi.org/10.1080/13594320701743491

van Leeuwen, E. (2007). Restoring identity through outgroup helping: Beliefs about international aid in response to the December 2004 tsunami. *European Journal of Social Psychology, 37*(4), 661–671. https://doi.org/10.1002/ejsp.389

van Leeuwen, E., & Täuber, S. (2010). The strategic side of outgroup helping. In S. Stürmer & M. Snyder (Hrsg.), *The psychology of prosocial behavior: Group processes, intergroup relations, and helping* (S. 81–99). Wiley.

van Vugt, M. (2001). Community identification moderating the impact of financial incentives in a natural social dilemma: Water conservation. *Personality and Social Psychology Bulletin, 27*(11), 1440–1449. https://doi.org/10.1177/01461672012711005

van Zomeren, M., Postmes, T., & Spears, R. (2008). Toward an integrative social identity model of collective action: A quantitative research synthesis of three socio-psychological perspectives. *Psychological Bulletin, 134*(4), 504–535. https://doi.org/10.1037/0033-2909.134.4.504

Watzlawick, P., Beavin, J. H., & Jackson, D. D. (1996). *Menschliche Kommunikation* (Aufl. 8). Hans Huber.

Williams, K. D., & Sommer, K. L. (1997). Social ostracism by coworkers: Does rejection lead to loafing or compensation? *Personality and Social Psychology Bulletin, 23*(7), 693–706. https://doi.org/10.1177/0146167297237003

Williams, K. D., & Zadro, L. (2001). Ostracism: On being ignored, excluded, and rejected. In M. R. Leary (Hrsg.), *Interpersonal Rejection* (S. 21–54). Oxford University Press. https://doi.org/10.1093/acprof:Oso/9780195130157.003.0002

Wilson, T. D., Reinhard, D. A., Westgate, E. C., Gilbert, D. T., Ellerbeck, N., Hahn, C., Brown, C. L., & Shaked, A. (2014). Just think: The challenges of the disengaged mind. *Science, 345*(6192), 75–77. https://doi.org/10.1126/science.1250830

Wohl, M. J. A., Hornsey, M. J., & Bennett, S. H. (2012). Why group apologies succeed and fail: Intergroup forgiveness and the role of primary and secondary emotions. *Journal of Personality and Social Psychology, 102*(2), 306–322. https://doi.org/10.1037/a0024838.

SPRINGER NATURE

GPSR Compliance

The European Union's (EU) General Product Safety Regulation (GPSR) is a set of rules that requires consumer products to be safe and our obligations to ensure this.

If you have any concerns about our products, you can contact us on ProductSafety@springernature.com

In case Publisher is established outside the EU, the EU authorized representative is:

Springer Nature Customer Service Center GmbH
Europaplatz 3
69115 Heidelberg, Germany

The manufacturer's authorised representative in the EU is Springer Nature Customer Service Centre GmbH, Europaplatz 3, 69115 Heidelberg, Germany. If you have any concerns regarding our products, please contact ProductSafety@springernature.com

Printed and bound by CPI Group (UK) Ltd, Croydon, CR0 4YY
25/03/2026
02078187-0003